Ultimate Soul Journey
An Awakening to Spirit

究極の魂の旅

スピリットへの目覚め

ジェームズ・ギリランド 著
James Gilliland
知念 靖尚 訳

ETコンタクトをするフィールド・オブ・ドリームスとアダムス山

ナチュラルスピリット

夜のアダムス山

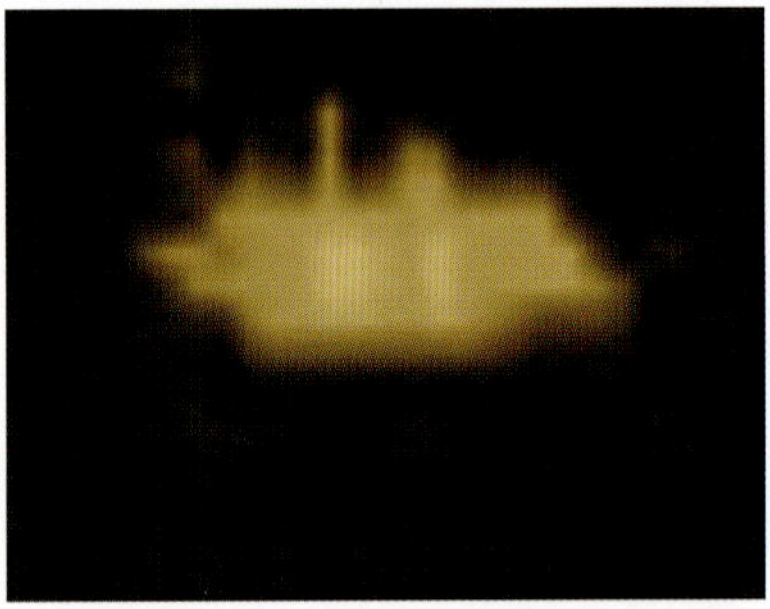

オリオンの宇宙船

The Ultimate Soul Journey
by James Gilliland

イエス（イエシュア）

ババジ

カゼキエル

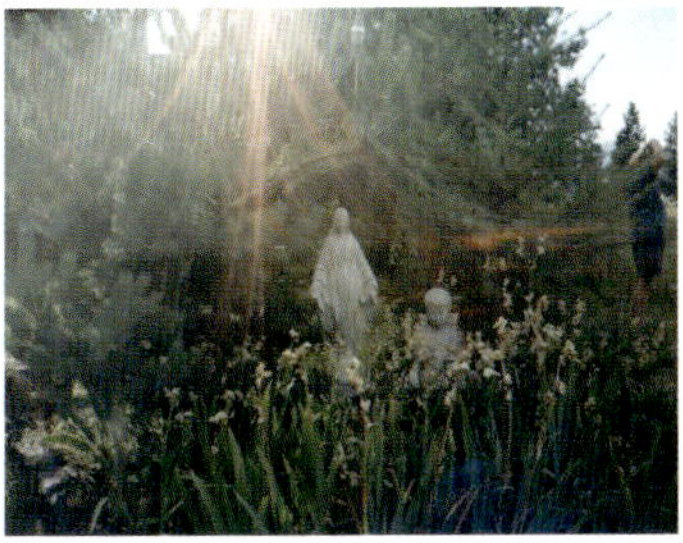

聖母マリアのエネルギー

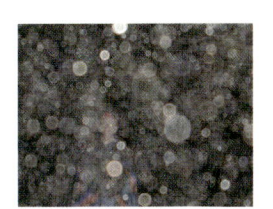

たくさんのオーブ

アダムス山の上空に見える宇宙船とその拡大

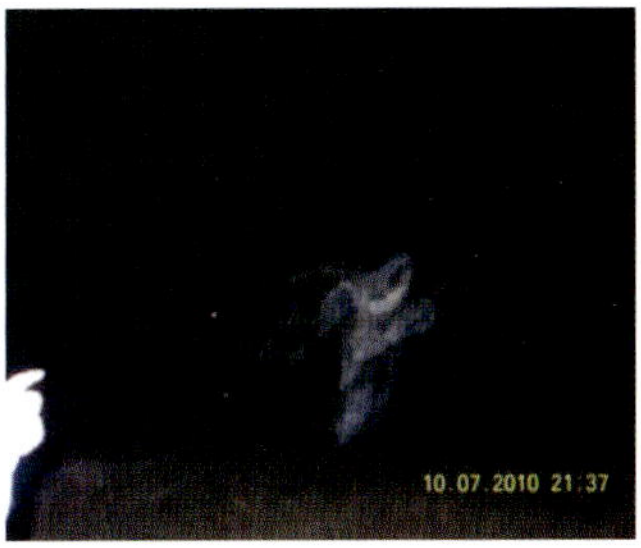

プラズマ生命体

ギャラクティック・メディスン・ホイール

プレアデスのマスター・スピリチュアル・ティーチャー、ブラジー

オリオン光の評議会のメリーア

ブラジー（別のイラスト）

メリーア（別のイラスト）

5次元シリウスの猫族の女性、バギート

9次元の大元アヌンナキの女神、エンハ

ジェームズ・ギリランド

ワシントン州アダムス山近くのECETIにて

日本の読者の皆さんへ

本書では、私の今生でのスピリチュアルな旅路を詳述し、ここに至るまでの重要な節目にも触れています。

スピリチュアルな道を歩む多くの人を助け、長い間、誤解されてきたET（地球外知的生命体）、および高次の存在とのコンタクトの世界を明らかにするのに役立つ洞察をすることが、その目的です。

私がスピリチュアル・リトリートセンター（現ECETI*）を建てるという自分の夢の一つを叶

ECETI 敷地内のヴォルテックス

えるチャンスを得られたのは、非常に幸運でしたし、それに伴う多くの教訓は本書に収められています。

　本書にはたくさんの個人的な体験談が詰まっていますが、私が教祖的な存在であるという固定観念を避けるため、そしてスピリチュアルな世界の初心者にも知識を提供したいという思いから、その体験談を編集していません。

　私は日本の皆様に、本書を共有できることをうれしく思っております。これまで日本から多くの方々がＥＣＥＴＩを訪れており、ＥＴコンタクトで個人的にユニークな体験をし、スピリチュアルな成長のサポートを受けています。

　本書を楽しんでいただけたら幸いです。感謝の気持ちを込めて。

２０１９年５月

ジェームズ・ギリランド

＊ECETI：Enlightened Contact with Extra Terrestrial Intelligence（地球外知的生命体との覚醒的コンタクト）の略。ワシントン州アダムス山（アダムズ山）のふもとにある「毎晩 UFO が見える別荘」と呼ばれているリトリートセンター。

究極の魂の旅　西海岸マップ

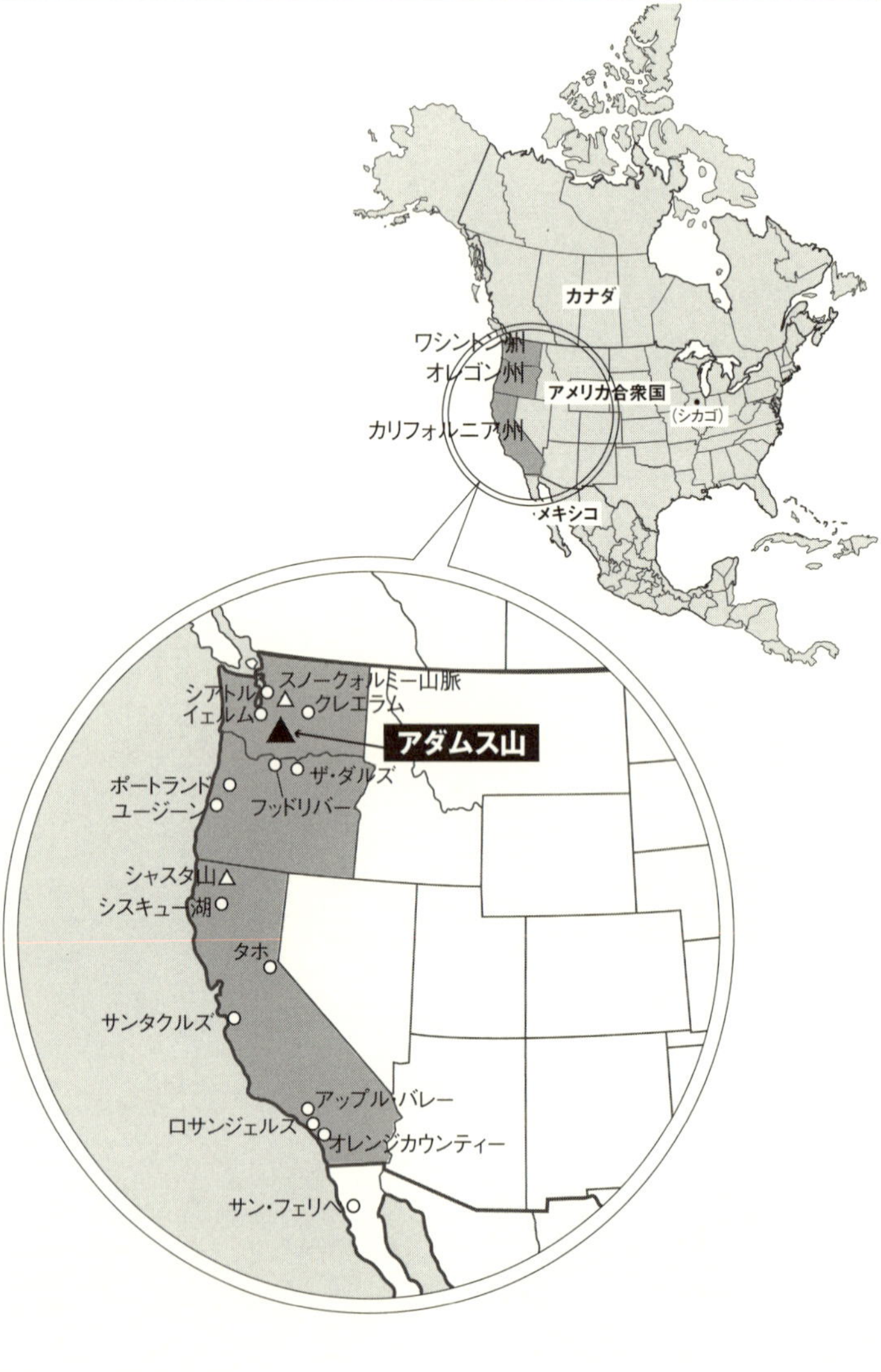

目次

ECETI敷地内のヴォルテックス

第2章 覚醒 49

第3章 さらなるUFO目撃体験 225

第4章 マスターおよび地球外の存在との邂逅 251

ECETI敷地内のピラミッド・ルーム

はじめに

本書『究極の魂の旅』は、自分の権威を高めるためではなく、多くの人の歩んできた道を共有し、私の人生に起きた、ときに非常に困難ではあったけれど、最高に幸せを感じる愛にあふれた出来事をお伝えするために書きました。

「涅槃と至福の界層に上昇すると、そこには試練、儀式、能力を試される課題があるだけでなく、闇も対抗するために、醜い頭をもたげて立ち上がる」という言葉があります。

振り返ってみると、私は何ひとつ変えようとは思いません。なぜなら、闇は励みとなり、教師になってきたからです。人生で大きな石を転がすときは、階段を作り、目を天に向け続けることが一番です。

この本を出版する夢を現実にしてくれたすべての方に心から感謝し、ご幸福をお祈りします。

第1章 覚醒前

アダムス山

誕生、そして地球への再突入

私の誕生は、ちょっと奇妙なものでした。私の姉が、私よりちょうど9カ月半前に生まれていたことを考えると、姉を産んだ直後の母が、見舞いにきた父と病室で愛し合ったか、退院直後に、愛を確かめ合ったと考えるしかありません。母は、ゴルフコースにいたある日、私にお腹を蹴られてはじめて、妊娠していることに気づいたのです。それまでは、体が産後の調整をしているだけだと思っていたそうです。

私は、体重3600グラムを超える非常に大きな新生児で、頭が大きかったので、母は出産の際、大変な思いをしたはずです。丸々と太っていた私は、「ブッダベイビー」と呼ばれていて、なかなか歩くことはありませんでした。

今でも覚えているのですが、私が2歳で、家の前庭か玄関ホールに一人でいるときのことです。ひんやりと青々としたアオイゴケとゴムノキを触っていると、「やった！ 戻ってきたぞ。大事なことが起きるまで、生き残らなければ！」という、不思議な感覚に襲われました。この深い感覚はほどなく消えてしまい、私はこの世界で担うべき子供の役割に戻っていきました。

その後は普通の幼年期を過ごしましたが、5歳のときに気管支肺炎で入院しました。病院では意識がもうろうとした状態が続き、両親は私を失ってしまうのではないかと、死ぬほど怖い思いをしたそうです。この世とあの世を行ったり来たりしていた私は、それが自然なことのように思えたので、死を恐れはしませんでした。

意識もうろうとしていると、青い服を着た女性が私の方に向かってきました。その女性は非常に愛と慈しみにあふれており、私にアイスクリームを食べさせてくれたのです。彼女が誰なのかわかりませんでした。その時は名前など気にならず、愛情あふれる存在感と、アイスクリームだけが記憶に残りました。後で青い服の女の人は誰だったのかと尋ねたときは、そんな女性はいなかったし、あなたはアイスクリームを食べるどころではなかったよといわれました。彼女が聖母マリアだと知るまでは誰だか知らなかったし、他の子供たち同様、親や大人からあなたの思い過ごしだといわれ、私も問題にしませんでした。

カトリック系学校で過ごした幼少期

医者の助言のもと、私の呼吸器の状態を考慮して、両親はカリフォルニア州アップルバレーにある小さな砂漠地帯の町に引っ越しました。私はとても過敏体質で、当時住んでいた町の大気と意識が、私の具合を悪くした原因のようでした。新しい場所に引っ越したその日から、私は学校を一日も休むことなく、きわめて健康になったのです。

引っ越し先ではカトリックの学校に通ったのですが、それは、当時、その高地の砂漠地帯には、そこしか学校がなかったからでした。私の両親はカトリック教徒ではなかったので、私には宗教教育の授業に出席する義務はなく、その授業に出席するか、屋外で遊ぶか、選ぶことができました。私は、神様が怒るかもしれないという罪悪感や恐怖とたたかい、宗教の授業に最後まで座っていようと頑張ったのですが、屋外で遊ぶ魅力に惹かれ、屋外で遊んでいる友達の姿が勝りました。父にそのことを話し、翌日から、私は、屋外で遊ぶ友達の仲間入りをしました。あとでわかったのですが、この授業の出席選択の規則は、学校の助成金調達と関係がありました。学校は宗教上の思想を他者に押し付けないという条件で、政府から助成金の提供を受けていたのです。

私が思い出すのは、友達とビー玉遊びをしていた、ある日のことです。私たちは地面に座って砂の上に円を描き、相手のビー玉を目がけて自分のビー玉を投げ、円の外に弾き出すゲームをしていました。遊びに夢中で気づかなかったのですが、私たちに向けて石を投げてきた者がいました。男の子の二人組が、宗教の授業から解放されている私たちは罰を受けるべきだと考えたのです。彼らは私たちに向かって石を投げ、友達の背中と頭に当たりました。私がすぐに応戦して石を投げると、友達に石を当てた男の子の耳に奇跡的に命中したのです。すると彼は倒れ、泣きわめきました。

気がつくと、私は神父に耳をつかまれ、校庭の中を引きずられていました。最初に仕掛けてきたのは彼らであり、これは正当防衛だと訴えたのですが、彼は私の耳を引っ張り続け、「一緒に来なさい」といいました。私は神父に、「あなたは神様ではないし、イエス様はこんなことはしない」といったのですが、彼の怒りを助長しただけでした。しばらく神父の事務室に座っていると、彼は別の部屋に行き、私は30分後に解放されました。家に帰ると、学校から持たされた連絡帳を読んだ父と話をしました。私が事の発端を話すと、父は「お前は石を投げられ、友達はケガをしたのだから、仕方なかったな」といい、この件はそれで終わりでした。

地球での父親

私たちの住まいは小さな山の麓にあり、その近くには花崗岩の大きな岩がありました。私は青年期のほとんどの時間、その一枚岩を登り、てっぺんに座って過ごし、人はなぜおかしな行動をとるのだろうかと思いを巡らせていました。幸いなことに、常に内なる声が私の疑問に答えてくれていたように思います。人はなぜ、言うことと感じることが違うのか、そして思考や感情、発言と矛盾する行動を取るのか。それはまったく理にかなっていないと感じていました。

もう一つ私が理解に苦しんだのは、不正な行為と意図的に他人を操る行為です。

私の父、ジョーンズ・アブナー・ギリランドは人格者でした。彼の言葉は法律であり、自分の発言に従って行動していました。父は非常に神経質でしたが、柔軟性に欠けることはなく、私にとって生きた導師でした。彼は信心深くありませんでしたが、スピリチュアルな生活を送っていました。ゴルフが大好きで、歯科医を生業としていたにもかかわらず、ハンディなしの腕前でした。家族を養う義務がなければ、父はＰＧＡツアー（全米プロゴルフツアー）で各地を転戦していたに違いありません。

父のビジネスパートナーの中には、彼の寛大で信じやすい性格を利用する者もいましたが、私は彼らの思惑が手に取るようにわかりました。彼らは偽りの優しさを示して、私たちのことを気にかけている素振りをしたり、下心をもって贈り物を持って来たりしたので、子供ながらに私は、彼らが近づいて来るのを拒んでいました。

私たち家族は、砂漠の中に広大な土地を所有していて、４０００平方メートルを超える芝生もありました。私は、芝刈り、草むしり、庭や樹木への水やり、その他さまざまな雑用を任されていました。子供時代のほとんどの遊び道具は、そうした雑用で稼いだ小遣いで手に入れていたのですが、これがのちに社会人として働く準備として役立ちました。

両親は、大工仕事、塗装、修理が必要な建物も持っていて、それらの作業はたいてい私がやることになりました。父はよく、いつもそばにいて、やることがあればすぐ頼りになる私のことを、家族の要だといっていました。一方、兄は、そういう時に姿をくらます名人でした。

カルマと兄

兄と私の間には、兄弟によくある、ライバル関係と、優位に立つための主導権争いがありました。私は眼と手先の器用さに優れていたので、物を投げると必ず命中させることができました。二人でよくソックス投げや泥玉合戦をやっていたのですが、私が球を兄の頭や顔に命中させて勝利し、その仕返しに兄にボコボコにされるというのがお決まりでした。

兄にはいつもカルマの法則が働いていたようです。ある時などは、自分の力を誇示しようと私を追い掛け回して地面から出ていた杭につまずいて、足の親指を骨折したので、追跡はそこで突然終わりを迎えました。また、私が7歳のとき、他人を傷つけるとカルマの法則でその人は罰を受けると話していたときのことです。兄はいきなり私を殴って逃げ、追いかける私を見ようとして振り返り、壁掛け電話に肩をぶつけて背中から床に落ちました。

私たちの関係は典型的な兄と弟であり、兄は手本を示して、私にいろいろなことを教えてくれました。彼も魂に対する強い憧れを持っていて、さまざまな方法で探求していたものの、ほとんどが薬物をいくつか用いたものでした。私は、薬物で〝覚醒した〟状態に入って非常にゆっくりと話す兄を見たことがありますが、私にはほとんどがチンプンカンプンでも、彼にとっては深遠なる金言だったのです。私は、ベトナム戦争から帰還した兄の友達がフラッシュバックやＬＳＤによる幻覚症状に陥ったところも、目撃しています。

これを目撃したことに、私は非常に感謝しています。この目撃体験が、私を別の界層や次元にかかわる安全で自然な方法へと後押ししてくれたからです。薬物に支配されていると、摂取した者はほとんど制御が効かず、適切なツールや理解なしに、意識界層に吹き飛ばされてしまいます。恐れや、自分には価値がないという恐れを持ち、準備も訓練もない状態で、思考が即時に実現するアストラル界に飛ばされるのは、地獄のような体験になりかねません。幸い、兄は薬物と決別し、テコンドーの国内大会で優勝するまでになりました。現在、彼はさまざまな呼吸法、プロセス重視のセラピーおよびボディーワークを活用する高度な技術を持つヒーラーとして活動しています。

私の「偉大な」祖母たち

母方の祖母と過ごした時間は、今でも覚えています。彼女は私にとって聖者のような存在でした。

ある日のこと、祖母は私に、庭の枯れたバラを抜くようにいいました。彼女がそのバラを堆肥にしようとしていたとはつゆ知らず、私は抜いたバラを鉢植えにしました。やがて、庭に出てきた祖母が目にしたのは、バラをうまく鉢植えにしたことに得意気な、泥にまみれた私の姿でした。祖母は私を見て大きな声で笑いましたが、子供心を傷つけることのないように、鉢植えにされたバラをそのままにして、うまくできたねと私を褒めてくれました。祖母は、それらのバラを引き抜くことはせず、他の鉢植えの植物と並べて、水をやりました。そのバラは、祖母にとって、私の無邪気さやと当時の私を思い出させるものであり、庭に出て、一列にきちんと並べられたバラを愛でるたびに、喜びと笑いをもたらしてくれるものでした。

予想に反して、それらの〝死んだ〟バラは成長し、美しいバラの茂みになりました。それは祖母がバラに注いだ愛と喜びが、彼女の幼い孫の無邪気さと相まって、育んでくれたのでしょう。彼女は私の人生に、いつもポジティブな影響を与えてくれました。砂漠地帯で大工として働いていたとき、私は彼女と多くの時間を過ごしました。

父方の祖母も非常に良い影響を与えてくれました。物理的に離れていたので、彼女と過ごす時間はあまりなかったのですが、私は彼女から大いに影響を受けました。彼女は学校の先生で、自信にあふれ、頭の切れる人でした。何事にも一家言を持っていたので、私はただ彼女の発言や話を聞いているだけで楽しかったものです。ある日、砂漠を車で横断していたとき、まるでヘルズ・ハーフ・エーカー——悪魔の遊び場のようだと彼女は表現しました。

初めてのUFO目撃体験

兄との一番の思い出は、砂漠の暑さをしのぐため、よく二人で外に出て、寝ていたことです。夜、外の芝生に寝転がり、空を眺めていたのですが、私たちには説明のつかないものが空高く飛んでいました。それらはジグザグに移動して止まったかと思うと、ものすごい速さで動き、空の彼方に消えていきました。始めての体験は、空の高いところに見えた正体不明の不思議な青い光でした。それは非常に早い速度で移動しながら上昇を続け、やがて見えなくなりました。

何度か夜に、何かにどこかに連れ出された感覚があり、戻されたときには全身が痺れていました。体を動かして叫ぼうとしても、痺れが治まるまでは、何もできませんでした。この体験を母に話しても、ただの夢だと片づけられました。

ある晩、山の上の方に、オレンジ色の明るい光を目撃しました。その光は谷全体を照らし、チカチカとオレンジ色に光っていましたが、突然、白い光になり、消えてしまいました。その光が何だったのか誰もわからず、翌日、その光が現れた場所へ調査に行った人たちもいましたが、無駄足に終わりました。

二度目のＵＦＯ目撃体験は、メキシコで起きました。ある日、私はサン・フェリペのすぐ北にあるリオ・ハーディー川の桟橋で、数人の友達とほぼ一日中、水上スキーをして過ごしていました。親友ビルのガールフレンドと私の間には、ちょっとした対立がありました。彼女は水上スキーの上級者という話ですが、私は、以前、ビルと一度、一緒にやっただけでした。

それは、父の金持ちの友人たち数人に誘われて、ハヴァス湖に行ったときです。ビルも私も水上スキーの経験はまったくなかったので、父の友人たちは、私たち二人に恥をかかせてやろうと、自分のガールフレンドたちに話していました。私たちが失敗して間抜けに見えれば、自分たちが引き立つだろうと思って、私たちにスキーを貸したのです。彼女たちの一人が、私と一緒に水に入り、水上スキーのやり方を教えてくれ、彼らはあなた方に恥をかかせようとしているのだと教えてくれました。

しかし、スピリットは別の考えを持っていたようです。ボートが水上スキーをつけた私を引き始めると、私はすぐに水面に立ちました。慣れてくると、私は前後に揺れながら、ボートの後ろにできる波をジャンプしました。

やがて私は低い姿勢を保ちながら、難易度の高いターンや広いターンをやってみせました。自分の番を終えるとき、ビーチを少し行き過ぎてしまったので、私はスキーから飛び降り、小走りになって、どうにか顔から砂の上に倒れるのを避けることができたのです。結局、金持ちの友人たちの計画は期待外れに終わりました。

今度はビルの番です。彼も私と同じく、すぐに水上に浮かび、見事なターンを何度も決めました。私と一つ違ったのは、彼がプロ顔負けのビーチへのランディングを見せたことです。その後、スキーを貸してくれた彼らにお礼をいうと、水上スキーはないと嘘をついたなと責められたのですが、私たち二人は顔を見合わせて、そんなに難しくもなく、どうってことなかったと答えました。

さて、メキシコに行ったときのことです。ビルと彼の双子の兄弟のボブは、水上スキー用のボートを購入していたので、私たちはそれを乗りこなすことになっていました。ビルの彼女はすぐに、水上スキーで勝負しようと私に要求してきました。勝負しても無意味だし、どちらが上手いかなんてどうでもよかったのですが、ガールフレンドに自分の優れた点を示す必要があるなら、私はそれでも構いませんでした。彼女が何時間も、私の水上スキーの技量を侮辱して、勝負しようとしつこく要求してきたので、私が勝負すれば、彼女は今後勝負を持ちかけず侮辱もやめるという条件で、この挑戦を受けることにしました。

ボートに乗っている人たちを審判にして、彼女と私は順番に水上スキーをやりました。かいつまんで話すと、彼女は自分が勝ったと信じていたけれど、審判の総意によれば結果は逆で、審判の票は明らかに私の勝利を示していました。そのせいで、ビルの立場は困ったものになりました。彼は真実を知っているのにもかかわらず、彼女が勝者だと宣言しなくてはならなかったからです。

夕食の後、私たちは、川で水上スキーを楽しんだ素晴らしい一日を祝っていました。もちろん、私も2杯ほどビールを飲み、自分の勝利を祝いました。しかし夕食後、奇妙な光景が私たちの前に現れたので、酔うヒマはありませんでした。それはオレンジ色をした大きな球体で、100メートルも離れていない川の向こう岸で上昇していました。しばらくその位置で浮かんでいたかと思うと、45度の角度に上昇し、いきなり超高速で飛び上がりました。その日は澄んだ夜空だったので、私たちはその光が空彼方に消えるまで、しばらく見つめていました。

おかしなことに、その光が消えるまで、誰もが口を開きませんでした。私が「あれを見たか?」と友達に聞くと、彼らも見たと答えました。さらに、私は自分の目が信じられず、彼らに自分が見たものを証明して欲しくて、「あれは何だったのかな?」と尋ねました。すると彼らは、私が見たのとまったく同じに説明したのです。

その後、この件について、誰も話したがりませんでした。誰かに話したところで信じてくれるはずもなく、ただのメタンガスだといわれるのが関の山だったでしょう。皆、とても静かになり、この目撃体験は二度と語られることはありませんでした。

私の母と姉妹、そしてある過去世

兄は頻繁に、私と姉が喧嘩をするようけしかけていましたが、その喧嘩は長く続きませんでした。普段、私と姉はとても仲が良かったのです。私たちはよく二卵性双生児と間違われました。二人で一緒に多くの時間を過ごし、大学卒業後は、しばらく同居していたほどです。当時は妹のボーイフレンドをからかって混乱させるのを楽しんだり、いたずらを仕掛ける奴として知られていました。

私が7歳のとき、妹が生まれました。ピンク色の肌をした彼女がシワシワな状態で初めて家に来た時のことを、今でも覚えています。ときどき私はオムツの交換を任されたのですが、彼女は私が天花粉（ベビーパウダー）をつけてあげているときにオナラをするという、変な癖がありました。それはオムツ当番のハイライトといえるものでした。

子供の頃、私は母に、距離感とよそよそしさを感じていました。彼女は物理的にはいつも私たちのそばにいてくれたのですが、私と母の間には溝がありました。何かにつけて、私はいつも非難の的にされていました。他の兄妹は真新しい贈り物をもらっているのに、私はお下がりばかりでした。

母は、私に何かをくれる習慣もありましたが、何故かそれは私が大喜びしている最中に、どこかに消えてしまうのです。その一つが、ドラムセットで、私が本気で夢中になると、それは消えてしまいました。私は、兄が新品の自転車、ミニバイク、オートバイなどをもらうのを眺めていました。彼はいつももらったものを壊しては、その残骸を私にくれるのでした。姉も妹も、真新しい自転車や馬などを貰っていたので、私は、何でこうなんだろうと思っていました。

私は砂漠にある花崗岩のてっぺんに登って、さまざまな〝ビジョン〟を受け取っていました。そのビジョンの中で、私はギリシャにいる自分を見ていました。

――私の父は店とレストランを組み合わせた家業を営んでおり、私の現在の母は、その世界では私の妹でした。家業を継がせることになったとき、私が選ばれました。私と同じくらい、あるいは私以上に家業に尽くした私の母（そこでは妹）は、ひどく傷つき怒りました。そこでは息子に家業を継がせ、娘には財産を贈与するのが慣習でした。私はギリシャの父に、その慣習は不公平だと抗議したのですが、逆に伝統について説教を受けるはめになりました——。

母は私にモノを与えないこと、あるいは私が気に入ったものを取り上げてしまうことで、過去に受けた心の痛みを表していたのだと、私はそこで気づきました。そのおかげで、私は状況を受け入れ、私個人に対する攻撃ではないと理解することができました。

これは、私が過去世の影響を学んだ、最初のレッスンでした。過去世の影響はトラウマをつくりだし、それを許さなければカルマの輪が継続していきます。だから、その経験を知恵として魂に刻むことを認めてあげるのです。のちに私は、解決のために母と向き合いました。すでにその状況をゆるしていたのですが、母は起こっている状況に目を向ける準備ができておらず、自身の行動に気づいていませんでした。

私たちは、理由がわからずに、あるいは現在の行動が過去世の影響に由来することを知らずに、無意識に行動することがよくあります。時間はかかりましたが、母は、私の仕事の性質や重要性に少しずつ理解を示し始めました。彼女は二度、ＥＣＥＴＩ（私たちのスピリチュアル・リトリートセンター）を経済面で協力し、その継続に重要な役割を担ってくれました。彼女も聖母マリアと強固なつながりを持つ人であり、ＥＣＥＴＩの経済面に協力する気にさせてくれたのは、他ならぬ聖母マリアだと信じています。言葉にこそしませんが、彼女は心の奥底で、より偉大な計画が展開することを知っています。

いたずら

子供の頃の私は、とても感受性が強く、スピリチュアルな導きを受けていて、その上、いたずらの分野ではとてもクリエイティブでした。兄と私がするいたずらには、違いがありました。兄は思いつきでいたずらを仕掛け、ほとんどバレて見つかっていました。私は比較的計画的で、常に逃げ道を用意していました。これから話すことは、それを証明してくれます。

スクールバスの運転手は、非常に怒りっぽくて管理したがる人でした。ある学期の最終日、私たちは計画を立てました。年齢が下の私が先に下ろされると、作戦上の位置につき、手にトマトを握って、兄が乗った次のバスが来るのを待ちました。道の先には一軒の家があり、そこは密生した植物に囲まれていて、花崗岩の山に続く逃げ道がありました。

バスは角をまがり、ディーゼルエンジンが音を立てながら、ブレーキをキーッと鳴らして止まりました。兄が降りると、バスはアプローチを始め、ギアを一つずつ上げていきながら、徐々に私の隠れている場所に近づいてきました。バスがそこを通りかかるとき、私は立ち上がり、トマトを投げました。そのトマトは巡航ミサイルのように、カルマに従って、指定された目的地へと誘導されました。不可能と思えるほど、射撃は標的をとらえ、小さなサイドウィンドウを通って、運転手の肩と首に当たり、グシャグシャに潰れたのです。私は、その夏のヒーローでした。もちろん、次の年度に校長室に呼び出され、トマトの出どころについて聞かれましたけれど。

その他にも、つまらない授業の教室のドアノブに瞬間接着剤を塗るといった、小さないたずらもやりました。私の通う学校には（名前は伏せておきますが）意地悪な先生がいました。ある日、私は野球をしていて、足を骨折しました。守備の最中で、塁を離れてボールが飛んでくるのを待っていると、友達が全速力で塁に向かって走ってきました。彼はつまずいて転んでしまい、私の脚とくるぶしに乗っかったのです。私の足はすぐに腫れ上がり、立ち上がることができませんでした。立ち上がろうとしたのですが、倒れてしまいました。すると、例の先生が私を引っ張り上げ、「痛くない。立ちなさい！」と怒鳴りました。私はまた倒れてしまい、彼女は「立ちなさい！」と大声でいいながら、また私を引っ張り上げました。

最終的には、別の先生が来て仲裁してくれました。彼は私の体をかかえ肩車をして保健室に運び、靴を切って私の足から外しました。その後、私は病院に運ばれギブスをしてもらいました。痛み止めの薬ももらったのですが、子供なのに、なぜかそれを飲みたいと思いませんでした。一度飲んだことがあったので、その時には「要らない」といったのでした。

ウォンピン

両親の親友が都会に住んでいて、私たちはよくその家に遊びに行き、数週間ほど滞在していました。両家の間では、彼らの子供たちが砂漠地帯に2週間遊びに来る代わりに、私たちも都会の家に滞在させてもらうという話になっていました。

都会での滞在は、いたずらをするための、まったく新しいチャンスでした。私たちは夜になると、〝ウォンピン〟をするために、真黒な服を着て家を抜け出しました。ウォンピンは、車にオレンジやレモンを投げつけ、警察が来るまで続けます。車に何個か投げつけると、近所の裏庭を数軒走り抜け、自分のベッドに飛び込んで何事もなかったようなふりをするのです。

私たちは、レモン畑の小高くなったところに陣取り、熟れ過ぎて地面に落ちたレモンを拾って備蓄し、横になって待機します。これは技術です。最初の1発は、高く投げ上げます。2発目は少し高めに投げ、3発目は車に向けてライナーを投げます。成功の秘訣は、3個のレモンすべてを、同時にぶつけることです。これを5人で実行すれば、何も知らない犠牲者の車に、レモンがシャワーのように降ってくるというわけです。両親の友人の息子3人と娘1人が加わった私たちは、最高のチームを作り上げました。

ある夜、警察は待ち伏せをしていて、私たちがウォンピンを開始すると、まるで四方八方から警官が出てきたような感じで、ヘッドライト、スポットライト、電燈で、あらゆるところを照らし、私たちがいつも使っている逃げ道を遮断しました。レモン畑をあちこち走り回り、ようやくイバラの茂みに飛び込みました。警官たちは、フラッシュライトやスポットライトの光であちこちを照らし、「あきらめろ。君たちがどこに居るのかはわかっている」と叫びました。

いつもの逃げ道に立った警官たちは、私たちが隠れていた茂みの前に歩いてきて、「そこにいるのはわかっている。出てこなければ撃つぞ」といいました。私たちは座ったまま怖くて何もできませんでした。すると、隣の茂みからガサガサという音が聞こえてきて、私の足元に大きなスカンクがいるではありませんか。驚いたことに、スカンクは茂みから這い出て、警官たちに向かっていったのです。私はじっとしたまま、スカンクが私たちに向かって攻撃態勢を取らないよう祈っていました。スカンクが出てきたお陰で、結局、警官たちは私たちを脅しただけで、その場から立ち去りました。

警官たちがその場から離れるとたん、私たちは大急ぎで逃げ道を走り抜けました。ただ一人若い警官が私たちを追いかけてきて、逃げ道の途中の最初のフェンスを越えて、私たちのすぐ後ろに迫っていました。しかし、逃げ道を熟知している私たちに有利な状況でした。

若い警官は二つ目のフェンスを越え、必死に追いかけてきました。ただ三つ目のフェンスを越えた裏庭に何があるのか、彼は知りません。そこには、私たちが餌をやり、一緒に遊んだお陰でなついていたジャーマンシェパードがいるだけでなく、杭やワイヤーを掛けられた果樹がいくつもあったのです。フェンスを越えたその警官は最初のワイヤーに引っかかり転倒し、二つ目のワイヤーが足首に絡まり仰向けに倒れてしまいました。そこでは、裏庭への侵入者に不満なジャーマンシェパードが、警官の顔をのぞきこんでいました。その後、フェンスの向こう側で、シェパードの唸り声と、慌ててフェンスをよじ登る音が聞こえる間に、私たちは家の裏口からこっそりと部屋に戻り、急いで服を脱ぎ捨て、ベッドに飛び込みました。

その後すぐに、寝室のドアが開き、友達の母親が入ってくると、大きな体の警官が二人、彼女の後ろに立っていました。彼女は寝室の明かりをつけ「ほら、子供たちは寝ていますよ」と警官にいいました。すると、私の友達は寝返りを打ちながら寝ぼけた声で「電気を消してよ」と、アカデミー賞並みの演技を見せたのです。そして警官たちはすぐに帰っていきましたが、私たちのウォンピンのキャリアは、そこで終わりを迎えました。

人形のボブと彼の娘

想像力を駆使した次の冒険は、人形を活用したものでした。私たちは道の反対側に大きな枝が垂れ下がっている木を見つけ、その枝で人形をつくり、リーバイスのジーンズとシャツに布切れやコットンを詰めて人形を作り、ボブと名付けました。足には靴下を履かせ、頭には詰め物をしたハロウィーンのマスクをつけました。

私たちはボブと大いに楽しい時間を過ごしましたが、ボブのお気に入りのいたずらは、木から飛び上がり、道路を走ってくる車両の上に仰向けに落ちることでした。さらにボブは、袋叩きにされ、見物人のいる前で崖の上や三階建てのビルから投げ落とされるのも好きでした。もちろん私たちは彼の迷惑な振る舞いとまったく関係なく、ボブは自分の意志を持っており、彼が私たちをけしかけて加担させたのです。

ボブを作ったことで、ボブの娘が生まれました。ボブの娘は、足に結び付けてダンスをする人形でした。もともとは友達の妹のものでしたが、仲間に入れてあげるとならと、喜んで差し出してくれました。私たちは古い三輪車を見つけ、皮ひもで人形の足をペダルに固定し、そして三輪車が真っ直ぐ進むように、ワイヤーでハンドルも固定しました。足がペダルに固定されたその人形が全速力でペダルを漕ぎながら進んでいく様子に、私たちは大笑いしました。その人形は小さな帽子とドレスを着ていて、まるで人間のような動きだったので、三輪車に乗った女の子に見間違えるほどでした。事故を演出するには、まさにうってつけです。

私たちは、坂道が多くて、いたずらに完璧な道を見つけ、釣り糸を三輪車の後ろに結んで、道に押し出しました。すると、車を運転している人は急ブレーキをかけて外に出ると、人形に説教をし始めるのです。ある女性は、三輪車を轢いて少し車体を曲げてしまい、「ああ、神様！」と何度も繰り返しながら、彼女にボロボロの顔で微笑みかける人形を目にしたのです。彼女は私たちの方に向かって何かいうと、去っていきました。

ボブの娘を最後に見たのは、酔っ払いが車線をはみ出しながら運転していたある夜のことでした。私たちは釣り糸でボブの娘を固定すると、彼女を乗せた三輪車は坂道を走りだしました。その酔っ払いは三輪車にぶつかるまで停車せず、慌ててブレーキをかけたのですが、時すでに遅く、ボブの娘は走ってきた車の下でぺしゃんこにされました。驚いたことに、運転手は、車を止めて外に出てくるどころか、アクセルを踏んで速度をあげて、三輪車と人形を引きずり火花を散らしながら、夕暮れに消えていきました。これは、彼にとって、アルコール中毒克服プログラムの12段階すべてが、一つに凝縮された経験だったといえるでしょう。

砂漠の奇妙な友達

その後の子供時代は、砂漠地帯で、トカゲやヘビを捕まえるのに明け暮れました。家にはいろいろなペットを入れるケージがあり、大きなチャクワラ（アメリカドクトカゲの大きさのトカゲ）や、ヘビが何匹もいて、母を驚かせたものです。

ある日、私と兄は大きなサソリを家に持って帰りました。それはサソリの中でも最も立派なものでした。そのサソリをひっくり返すと、逃げるどころか大きなハサミを持ち上げて、私たちに向かってきました。私たちは走って家に戻り、タッパーウェアの大きなボウルを取ってくると、それをサソリの上からかぶせた後、下から蓋を滑り込ませました。自分たちでサソリを捕獲したことが誇らしくて、大きな段ボール箱をみつけ、その中に入れておきました。

私たちの新しいペットを目にした母は大騒ぎし、殺虫剤を一缶まるごとスプレーしたのですが、サソリにはまったく効きません。サソリはタフで、ほうきの柄で叩いても起き上がり、今度はシャベルが出てきました。私と兄は悲しみに暮れて見ているだけで、かわいそうなサソリを助けることはできませんでした。母が子供を守る態勢に入ったときは、私たちは脇によるしかないのです。その一件があって、私たちはガラガラヘビを逃がしてやりました。

毒を持たない大きなチャクワラは、ペットとしては最適でした。手なずけて、直接手から餌を与えることができましたし、お腹を撫でると眠りについたものです。一時期、私たちは凧に乗せて飛ばす、宇宙飛行士のチャクワラも一匹飼っていました。体を凧に固定して、見えなくなるほど空高く上げると、体は冷たくなっていたものの無事に帰還しました。チャクワラが仲間の所に戻ったら、自分の体験を話すのだろうかと、私はいつも考えました。今思うと、「岩の上でくつろいでいると、どこからともなく現れた巨大な存在に体を持ち上げられて、何がなんだかわからなくなっていた。それからお腹を撫でられ恍惚としていると、今度は監禁され、谷の上、空高く飛ばされた後、解放されたんだ」と話していたのかもしれません。

父は、兄と私に、狩りと釣り、そして毒を持つ蛇と昆虫の見分け方を教えてくれました。兄と私は、ほとんどいつも裸足にジーンズを短く切った短パンという恰好で過ごしていたので、父に、まるでインディアンみたいだと床屋に連れて行かれ、モヒカンにされました。一方、外面と近所の評判を気にする母は、その髪型は適切ではないとはっきりといったのですが、うちの周りでご近所さんと呼べるのは、通り向かいのおばあさんだけでした。

うちはミセス・エドという馬も飼っていて、とても気が優しく理解のある馬でした。私たちはエドの背からしょっちゅう落ちていたのですが、彼女は優しくて、私たちがまた乗るまで歩みを止めて待ってくれ、間違って私たちを踏まないように気を遣ってくれたものです。私たちに鞍はなかったので、裸馬のままか、クッションを使って乗っていました。

ある日、妊娠中のミセス・エドは、父に対して怒り、噛みつきました。馬小屋の掃除をしていたとき、父がエドを手荒く扱ったからです。当時約109キログラムの体重だったエドは、父の体を軽々と持ち上げました。父が怒りに任せて暴力を振るうのを見たのは、その時が初めてでした。父がミセス・エドの頭に放ったパンチは強力で、もう少しでエドを失神させるほどでした。その後、父の噛まれた脇腹は、青黒くミミズ腫れになっていました。

ミセス・エドは雄の仔馬を産み、私たちはジェパディ（危険にさらされること）と名付けました。その子はとても気難しくて、家畜を入れる囲いに入るだけでも、私たちは危険にさらされるからです。ある日、私はフェンスの隅に追い込まれ、何度も蹴飛ばされ、ガードしていた腕が青あざになってしまいました。お陰で、どうやって動物の意図を感じ取るかを、意識する真の教訓になりました。

家がゴルフコースの近くだったので、私は父とよくゴルフをして過ごしました。9歳のときワイルド・フラワー・トーナメントという大会に出場し、自分の年齢の部、その一つ上、さらに二つ上の年齢の部で優勝しました。18歳の部では2位になったのですが、主催者は父を脇に呼び、「規則では、すべてのトロフィーを息子さんに授与することになっている」というと、父は、そうすると他の子の機会を奪うことになるので、息子と話して説得しますと答えました。すべてのトロフィーをもらうことは私にとって重要ではありませんでした。子供ではありましたが、私にとって、他の人の幸せが何よりも大切だったからです。最終的に、私は自分の年齢の部のトロフィーだけをもらいました。

私は中学生の頃、2回けんかをしましたが、誇りには思っていません。けんかを避けるためにあらゆることをしたのですが、2回とも相手はいじめっ子で、私が彼らを避ければ避けるほど、ちょっかいを出してきました。最初のけんかは、プロレスの試合のような感じでパンチは2発ほどでした。相手がギブアップするまで体を抑え込んで勝ちましたが、勝利を喜ぶよりも相手がかわいそうだと感じました。2回目はもっと激しいもので、最終的にボディにパンチを入れると、相手は膝から崩れ落ちて泣いてしまいました。このけんかの後も、勝った喜びはなく、こんな状況に追い込まれた怒りと、相手に痛みを与えた悲しみを再び味わったのです。そこで私は二度と他人を殴らないと誓いました。面白いことに、この一件の噂が学校中に広まり、この後、私がけんかをする状況はなくなったのでした。

山あり谷ありの高校時代

高校では、他の子とほとんど変わらない生徒でした。水球チームのキャプテンをしていましたが、大会のための練習が水球の楽しさを奪ってしまったので、チームを辞め、地元のマーケットで働き始めました。正直にいうと、高校はつまらなくて、興味もわきませんでした。そこで教えてくれるのは、真実ではない二番煎じの知識と刷り込みだったからです。学校に行っていたのは、友達と会って時間を過ごすためでした。少し生物学に傾倒するくらいで、必要最低限のことだけをこなし、のんびり学校生活を過ごしました。

子供の頃から、家に送られてくる通知表には、「ジェームズのことが心配です。人間よりもヘビやトカゲ、他の動物と過ごしている時間が多いようです」と書かれていました。ある日、生物の先生は立ち上がり、「珍しいペットを持ってきて、クラスのみんなに見せてくれた人には、特別に単位をあげます」といいました。当時、私が、リハビリ中のミミズクや大きなパシフィック・ガラガラベビを飼っていたことを、先生はまったく知りませんでした。他の数匹のペットのことなど、いうまでもありません。

私が、ミミズクと大きなヘビを、教室に連れて行くと、先生は目を皿にして、「校内にそんな動物を持ち込むのは、校則で禁止されていると思います」といいました。そして、すぐに受付に電話で許可を得てから戻ってきました。ガラガラヘビのカゴには鍵をかけていたので問題はなかったですし、ミミズクは足革を着けて、止まり木に繋ぎ止めていました。

ガラガラヘビとミミズクをクラスの生徒たちに見せる機会を逃したくない生物の先生は、大きな実験室にペットの持ち込みを許可しました。ミミズクが信頼しているのは私だけなので、止まり木から離すときは、私がいるときにして下さいといいました。彼は私がいったことを信じず、次の授業で実験室に行き、私が置いていったグローブをつかむと、ミミズクを放したのです。するとミミズクはすぐに飛び上がり、ペトリ皿やビーカーを倒し、最後には天井の羽目板を壊して、学校の屋根裏に逃げ込みました。

屋根裏からミミズクを捕まえるため、私は次の授業から呼び出されました。天井につながる梯子に登り、グローブを着けて、天井から屋根裏に腕を入れると、ミミズクはそっと腕に止まりました。止まり木にミミズクをつないだ後、振り返り、少し赤面していた先生に、最初にお願いしたことを繰り返しました。「このミミズクは誰も信用していません。私がそばに居ない限り、止まり木から放さないで下さい」といってニッコリ笑いました。自分の教室に向かって廊下の角を曲がったところで、我慢できずクスクスと笑いが出てきました。

高校生のとき、私は女の子に対して奥手でした。高校2年で身長が19センチ伸びるまで、私はとても背が低かったのです。とても好きな女の子がいましたが、相手にもされませんでした。背が伸びた途端、ボーイフレンドにしたがったのですが、それまで振り向いてくれなかったので、私は諦めていましたし、身長だけが理由だったのなら、あまりにも軽すぎる話だと気づいたからです。

もう一人、私が恋した女性がいました。私は彼女との関係をうまくいかせようと、または彼女を理解しようと頑張ったのですが、一緒になる運命ではありませんでした。私はほとんどの時間をビーチで過ごし、夏にはボディーサーフィンをしながら、そこにいるブロンズ色に焼けたきれいな女性の一人と一緒になることを願っていたのでした。

高校3年のときに、交通事故に遭いました。実のところは、交通事故ではありませんでしたが。ハロウィーンの夜、飲みに行き、ビールを2杯飲んだ程度で酔ってはいませんでした。別のパーティーに車で移動中に、車に卵をぶつけられました。その仕返しに水風船を持って、卵をぶつけられた場所に戻ると、卵を投げた奴らが道に立っているのが見えました。見えなかったのは、彼らを職務質問していた覆面警察官でした。

通りの反対側に向かって走りながら、彼らの立っている場所を通り過ぎるとき、私は車の屋根越しに水風船を投げつけました。すると水風船は、その警察官の頭の後ろに命中したのです。その後、三つの郡をまたぎハイスピードで追跡され、私の車は〝不思議なことに〟道に飛び出してきた二つの電柱と煉瓦の壁にぶつかって、終わりを迎えました。ビールを2杯飲んでも酔っていることを否定していた私には、電柱と壁が飛び出してきたように見えたのです。お陰で車は大破し、私は一晩、拘置所で過ごしました。

拘置所に入れられると、そこにはドラッグでハイになった男もいました。彼が「ブタ箱に入れられた理由は?」と聞くので、「覆面警察官の頭の後ろに水風船をぶつけた」と答えると、腹の底から大きな声で笑いだし、しまいには床に倒れてしまいました。

私は護衛警察官を呼んで、事の次第を説明しました。その男にまだ息はあるかと聞かれたので、彼の胸が動いているのを確認しました。「なら大丈夫だ。朝には昨晩、自分が何をしたのか聞かされるからな」と警官はいいました。

これが、私が警察にお世話になった経験です。バカな行動と、車を大破させた罪の意識を振り払うのに、だいぶ時間がかかりました。父はとてもがっかりした様子でしたが、私がすでに大変な経験をしたことに気づいていました。拘置所で過ごす一晩は、不安、苦しみ、父を落胆させ、車を失ったことで、もう十分だと彼はわかっていたのです。この一件について、じっくり反省するようにと、私はかなり長い間、外出禁止の罰を与えられたのですが、そのお陰で目が覚めて、以前よりも責任感が強くなりました。

犬のダミット

ある日、父が、黒いラブラドールとスプリンガースパニエルを掛け合わせたオス犬を、家に連れて帰ってきました。スプリンガースパニエルの毛並みと模様、そしてラブラドールの体を持った大きな犬でした。私はその犬を友達のように愛し、弟のように育て、芝生の上でよくレスリングのようにじゃれあっていたものです。私が唸り声を出して攻撃すると、その犬も唸り声で対抗しました。はたから見ると、私が犬にやられているのですが、そんなことはなく、互いに楽しんでいました。

その上、犬が庭から出てしまうと、妹は近所を行ったり来たりして、大声で、「ダミット、おいで。ダーミット！」と呼び戻そうとしたのです。（ダミットは嫌悪、罵倒などの卑俗な表現）母は、私たちと犬の野蛮な行為に怒っていました。結局のところ、自分の息子がそこら辺にいる動物のように振る舞い、娘が声の限りに「ダミット！」と叫ぶのを、ご近所さんがどう思うのだろうか、心配だったのです。

ある日、私がメキシコ旅行から戻ってくると、ダミットはいなくなっていました。母は牧場の所有者にその子をあげてしまい、私に居場所を教えてくれませんでした。それは実の弟を失ったようなもので、私はとても深いレベルで裏切られた気持ちになりました。

その後、母はダミットの代わりにしようと、メスのゴールデンレトリーバーのレーハを連れてきました。レーハと私は、21年間一緒に過ごしました。私とレーハはとても仲が良くて、犬の超能力テストをやるほどでした。子犬の頃、私は、レーハをジャケットに入れて連れ歩いていたのですが、ある日、レーハは、ジャケットから這い出す決心をしたのです。思うにそれは、自身の足で歩き始める時期だったのでしょう。

数年後のある日、ワシントン州の田舎で窓から外を見ると、レーハが三匹のコヨーテと座っているのが見えました。私は彼らと一緒に瞑想をしたのですが、それはまるで彼女とテレパシーでつながった感覚でした。コヨーテと私は、そこで契約を結びました――コヨーテは、牧場地でジリスやネズミを追いかけて捕っても良いが、鶏には手を出さないというものです。彼らはそれを守りました。鶏が牧場を自由に走り回り、その横をコヨーテが歩いている状態です。彼らが窓台に足を乗せて、窓からじっとのぞきこむのも珍しいことではありませんでした。

ある日、不動産のデベロッパーたちが入り込んで、彼らの狩り場を整地して、動くものはすべて撃ち殺してしまいました。私は、動物のほうが人間よりもずっと約束に忠実だと学んできました。コヨーテが約束を守るように、私たち人間が約束を守れないのは残念なことですし、高度に進化しているのはどちらなのだろうと思うことがよくあります。自然と補完しあう関係の中で調和して生きることは、ほとんどの人間が理解していないことなのです。

永遠の大学時代

高校卒業後、私は大学へ進学しました。私は10カ年プログラムに入り、毎年専攻を変えていました。まず法学部準備科、歯学部準備科、そしてレントゲン技術師になるため、すべてのコースを履修することになりました。哲学の授業を受けたとき、先生は人間は死んだら終わりで無になる――ゲームオーバーです、と教えました。

心理学のクラスも取ったのですが、フロイトの、すべては子供時代とコンプレックスに原因があるといった限定的な内容で、私が子供の時から知っていること――私たちの問題のほとんどは過去世にも原因があるということを無視したものでした。私は、子供の頃に経験した体外離脱について、「人間は魂であり、魂は永遠の存在である」と述べ、問題の原因は子供時代以外にもあるのだと先生と論戦を交わしました。

化学の授業では、「原子や元素、分子の先には何がありますか。それは誰が作ったのですか」と質問し続けました。化学の教授はとてもイライラし、私を落第させました。物理学の授業もつまらないものでした。物質に関して、私たちが実際に見ているものは、空であり、「半霊半物質」であるという事実を私は主張していました。物質は実際に、粒子と波動の間を振り子のように行ったり来たりしています。私が言い続けたのは、私たちが実在すると思っていることには、根拠がないということです。それは単にエネルギーであり、光の空間からこの次元に体現されたものに過ぎません……。しかし、光を越えるものは何なのか？　何がそれを動かすのか？　これらすべての背後にある、知的存在は何なのか？　もちろん、これは非科学的な質問であり、先生が答えられない質問をするのは不適切なのです。私は、長年学校で与えられてきたお仕着せの知識を疑問を持たずに吸収するような良い生徒では、あまりありませんでした。

大学では、エイミーという女性と付き合いましたが、彼女は不誠実で、自分の空虚さを埋めるために同時に複数の男性が必要な人でした。彼女との関係は嘘と偽りばかりで浮き沈みが激しいもので、私がゆるすと、また嘘をつく。それはうんざりするまで続きました。彼女にとって、男性とは、嘘をつき、あとで他の人に自慢するネタだったのです。

私は、人があれほど不誠実に人を裏切ることができると思っていなかったので、彼女との付き合いは、人を見極める教訓になりました。私は、彼女にない資質を、彼女に投影していたのです。恋人が自分の望む人ではないかも知れないと受け入れることは、ときに難しいものです。

のちに、あるマスターが私に、**「信頼とは得るものである」**といいましたが、今ならその意味がわかります。

お金を追いかけて

当時、私は、大学に行く唯一の理由は、お金を儲けられるようになるためだと思っていました。不動産業は、自分が本当にやりたかったアウトドアや旅行をする自由な時間を持てるだけの、十分な稼ぎをもたらしてくれました。不動産業のコースで勉強し、優秀な成績で試験に合格し、不動産事業者免許を取得しました。さらに仲介業者および建築請負業者の学校にも通いました。私は手先が器用だったので、多くの家の改修やさまざまな雑用もこなしていましたが、それが不動産事業をうまく補完する形になっていたようでした。

その後、父のところで働いていたシャロンという女性と出会い、すぐに意気投合した私たちは付き合い始めました。私たちは長い間同棲し、数々の素晴らしい瞬間を共有したのでした。彼女との関係で一つやり直せるならどうするかと尋ねられたら、間違いなく、別れ方を違った形にしたいと答えるでしょう。詳細は話しませんが、私には個人的な問題がいろいろとあったので、私は彼女を尊重する気持ちから、別れることに決めました。別れたのは、彼女を愛していなかったからではなく、私自身が、人と深くかかわる準備ができていなかったからなのです。

9時から5時の定職に縛られて、白いフェンスのある家やコンドミニアムに住むといった生活は、私には合いませんでした。私の魂の中に、何か特別なことがしたいという深い思いがあったので、社会意識（ソーシャル・コンシャスネス）にあるような、偽りの安定に陥るわけにはいかなかったのです。自分の中にある大きな使命感が私を苦しめていましたが、それが何なのかわかりませんでした。わかっていたのは、彼女との生活に、私は準備ができていなかったということです。今でも、彼女と共有した愛、お互いの相性の良さ、そして彼女の寛大さを思い返すことがあります。シャロン、もしそこにいるのなら、私は心の底から謝りたい、君の心に痛みをもたらしてしまったことを……。

その後、私は、家の販売に打ち込み、ある会社で研修を受けました。そこで受けたのは、顧客を操って、そもそも欲しくもない家を彼らに買わせる方法を教えるコースで、顧客に同意しつつ、彼らの注意をそらして、彼らの欲求を別のところに誘導するというものでした。

私が、「顧客の求める物件を見つけ、彼らのニーズを満たすほうが、適切なのではないでしょうか」というと、当然その発言は無視され、私はトラブルメーカーのレッテルを張られました。彼らには、誠実さが欠けた自分を映し出す鏡のような人間は不要だったからです。

ほどなくして、私はその事務所を辞め、ちょうど人手を求めていた、母が勤める商業不動産会社で働き始め、大物たちと交流を持ちました。彼らは、巨大なショッピングセンター、オフィスビル、チェーン店のオーナーといった、数百万ドルを持つ資産家でした。そこで気づいたのは、常に気を抜かずにいなくてはいけないということです。誰もが他人をだまそうとし、また、だまされないようにするために、皆が弁護士を雇っていました。そこは生き馬の目を抜くような世界で、正直さや高潔さのかけらもなく、自らの署名、または公証人による署名がなければ、約束など何の意味も持ちません。

そのオーナーたちは引退し、母と私が事業を引き継いだのですが、その後、母も引退しました。当時、私は羽振りの良い生活をしており、車が2台、寝室が4部屋ある家、さらに地位と名声がありました。

商工会議所の理事会にも入っていた私は、そこで直接、都会の駆け引きの本質を経験しました。私は、その意思決定プロセスがいかに腐敗しているか、理事会のメンバーがいかに無教養で道義に反する人間であるか、そのことにショックを受けました。そこには奉仕するという姿勢はまったくなく、すべてに隠れた思惑があったのです。

私は「ここにいることに、本当に価値があるのだろうか」と、ずっと考えていました。成功してはいたものの、私の人生の中に、愛や喜びは無に等しかったのです。私が臨死体験をしたのは、その後すぐのことでした。

第2章
覚醒

覚醒における自然の手助け

友達のクリスと私は、ボディーサーフィンに出かけ、砂州の沖で、2メートル、時には3メートル近くにもなる波に乗っていました。当時、私は水泳に夢中で、高校では水球・水泳チームに所属し、生活のほとんどの時間を水の中で過ごしていたので、自分は無敵だと思っていました。オリンピック用サイズのプールで、潜ったまま3往復もできました。それはまるで、泳ぎながら仮死状態に陥るような感覚でした。

その日、、予期していなかったのは、何の前触れもなくやってきたスニーカーウェーブ（不意に襲ってくる波）でした。海水が急に遠くまで引き、そして陸に向かって流れ始めると、それが大きな水の壁を作るのです。私たちが何か起こりそうな気配を感じたとき、私は波に乗り始めたばかりだったので、陸に近いところにいました。二人とも、その波を通り抜けるか、波が砕ける前に乗り越えようと、できるだけ早く泳ぎました。近づく波を越えるか、波の下に入るため、狂ったように水を掻いていると、私の手は、水の下にある砂に当たっていました。その状況で、私は、腰辺りの水深で走るか、泳ぐか、どちらが良いのかわからなかったのです。

クリスはもっと沖にいて、波が最高点に達するぎりぎりのところで波を越えました。私はというと、運が良いとはいえませんでした――その波は私の真上で崩れたのです。それは、ハエたたきで叩かれた後の、ハエのような感じだと思いました。波の衝撃はとても強かったため、私は肩を脱臼し、横隔膜が押しつぶされました。

波は、私の体を何度もひっくり返し、永遠に感じられるほどの時間、水の中に閉じ込めました。ようやく水面に上がっても上手く泳げず、呼吸もできなかったのです。何度も何度も息をしようとしたのですが、波が体を打ちつけ、一時的に呼吸ができなくなっていました。やっと呼吸をしようとしたまさにその時、次の波が私の上に落ちてきて、また水中に引き込まれ、長い間水面に上がれませんでした。

三つ目の波が体の上に落ちてきたとき、人生は終わったと思いました。この状況でできることは何もなく、私は降伏したのです。私は、水中で息を止める苦しさから自分を解放し、一度息を吸ったのを覚えています。すると突然、私の体に温かい感覚が生まれ、その感覚に身を任せると、体が上昇し始めました。

大いなる源（ソース）との邂逅――私の臨死体験

上昇すると、光のトンネルがありました。私は界層と次元と思われるところを、ものすごい速さで通り抜け、止まって話すこともしませんでした。最終的に私がたどり着いたのは、純粋な意識とエネルギーでできた黄金の界層です。そこで感じる愛、喜び、安心、そして至福は、言葉には表現できないもので、まるで神の腕の中に抱かれているようでした。

その光の中でも私は意識があり、偉大な意識の存在が私を囲んでいるのを感じました。

そこでは、私の頭の中で、思考と思考による対話が行われていて、その意識の存在に、「どうしたらここに留まることができますか」と尋ねました。

その意識の存在は、**「私は自分の子供たちに対して、来るタイミングや行くタイミングを伝えたことはありません。それは自由意志なのです」**と答えました。

私は再び尋ねました。「ここに留まる権利をどのようにしたら得られますか?」

この質問から、私がカトリック教徒のしつけの一部からくる概念や刷り込みと折り合いをつけようとしていることは明らかでした。

その意識の存在が、今度はこう答えました。**「十分に、そして無条件に与えられているものです。もはやお願いすることではありません」**

私はその後しばらく、光の中に浮いていました。そして、その愛の存在に圧倒されながら、「どうしたら、役に立てますか」と尋ねましたが、答えは返ってきませんでした。

完全な至福の中、しばらく答えを待っていると、やっと私の頭の中に、思考が入ってきました。「**あなたに喜びをもたらすのは、何ですか?**」

神は、私のために大きな計画を準備していると考えていたのですが、神様が私に望むことは幸せであることだということに気づき、衝撃を受けました。自分をどのように役立てるかは、私自身が選択しなくてはいけませんでした。そこで私は、「私に喜びをもたらすのは、地球に戻り、神の本質を皆に教えることです。地球には多くのイメージ、怒りに満ちた誤解、恐れ、罪、そして自分には価値が無いという思いなどがあります」と答えました。

その後、私が聞いた最後の言葉は、「**お望みのままに**」、でした。

地球への帰還

次に私が覚えているのは、自分の脚が砂に当たり、男性が私の肩を持って、砂浜から起こしているところでした。その男性に「大丈夫か?」と聞かれ、私は「はい」と答えたものの、意識はもうろうとしていたのです。彼は私をその場に残して、助けを呼びに行きました。

そのスニーカーウェーブが襲ってきたとき、何人かの人たちが突堤で釣りをしていたのですが、彼らも海に流されてしまいました。その日は多くの人たちが不意を突かれ、救出活動がまだ続いていました。私は砂浜まで這いつくばっていくと、そこで気を失い、ジープの拡声器から私の名前を呼んでいるライフガードの声で目が覚めました。下を見ると、自分の肺から出てきた海水の水たまりがありました。私はまだ気分が悪く、自分がどこにいるのかもわかりませんでした。ライフガードに手を振り、自分はジェームズであると伝えたのですが、立つこともできませんでした。私のところに来た彼に、「君のサーフィンのバディは、どこにいるんだ」と尋ねられましたが、私は「知らない」と答えました。すると私は、いつも二人が組になって事故を防ぐ、バディシステムの重要性について厳しいお説教を受けました。

彼の説教が終わると、私は彼を見上げて、「今は、自分が誰かもわからないのです」といいました。ライフガードの彼は、私の具合が悪そうだということにようやく気づいたのです。

私は彼に、自分は溺れかけて、水中に引き込まれ、気を失ったのだと伝えました。

最後に覚えているのは、クリスが最初の大波を越えるのを見たことでした。彼はうまく波から逃れるのに成功しました。のちになってわかったことですが、彼はブイにしがみついていたところを波が打ちつけ、ブイから体が離れ、突堤を越えたところまで投げ出され、青アザや切り傷を負ったのでした。その後、ヘリコプターで救出され、病院に運ばれました。そこで容態は落ち着いていました。

私はライフガードに病院までの経路を教わり、車の運転は大丈夫かと聞かれて、大丈夫だと答えたのですが、実はそうではありませんでした。クリスの鍵と自分たちの持ち物を取って車に向かったその時、私は自分の足元がふらついているのに気がつきました。吐き気に続いて、火照った感覚に襲われていました。体は動くのですが、どうもうまくいきません。私は車に戻り、エンジンをかけ、病院に向かいました。ビーチからそれほど離れておらず、病院までの経路は明確でした。

緊急救急室に行くと、出迎えた看護士が、「急いで来て下さい」といいました。クリスがショック状態に陥らないようにするため、彼の馴染みの人間で、話しかけ続ける人が必要だったのです。

彼らがクリスの手当てをしていました、彼を見ていると、かわいそうで何とかしてあげたいと抗しがたい気持ちでした。私はクリスに話しかけ続けましたが、見ていられませんでした。視界は真っ黒でした。気を失う感じではなかったのですが、私は椅子につかまり、何も見えませんでした。感覚に負荷がかかりすぎて、視覚が遮断されてしまったのでしょう。

クリスの具合が安定するまで付き添っていると、彼の母親が病院に到着しました。それから待合室に移動すると、看護士が私を心配して、椅子を持ってきて座らせてくれました。私は視界が戻るまで、しばらくそこで休んでいました。

少し経つと、私の母がひどく心配して、待合室にやって来ました。私は事のいきさつを説明し、できることは何もなかったと話しました。クリスと私は、甘く見ていた自然からお仕置きを受け、ひどく謙虚な気持ちになっていました。

後日、お見舞いに行き、包帯でぐるぐる巻きにされた彼を見るのは辛いものがありました。その姿は、まるでミイラのようでした。彼に、自分の苗字の「ムーア」を使って『ボディーサーフィンからムーア氏を救出する方法』というタイトルで本を書くべきだと私がいうと、彼は笑い出し、縫ったばかりの傷口の痛みで体をすくめました。

再評価のとき

クリスが回復していく間、私は改めて、自分の人生について考えていました。当時付き合っていた女性がいたのですが、彼女のために私の時間は無駄になっていました。彼女はデートの約束をしても、それを破って、ついに、バンド仲間の男性と付き合いたいと言い出していました。私は彼女にベタ惚れでしたが、彼女は私にそこまでの気持ちはなかったのです。

二人でディナーに出掛けると、彼女は前に立てた計画を破り、他の人と付き合いたいと言って、いつものように騒ぎ始めました。どういうわけか、そんなゲームのようなやりとりに、感情的な高ぶりはありませんでした。嫉妬や怒り、痛みもなく、いつもとは違う温かい感情が降りてきました。私は彼女の目をまっすぐに見つめ、「お望みならば」といいました。それはまるで、あの黄金の光の中に降りたような感覚で、愛着ではなく、ただ愛の感情だけがありました。

彼女の仕掛けるゲームに私が乗ってこないことに困惑し、彼女は怒りさえ見せ、「あなたは変わった――別人のようだわ」といいました。

私は、「そう、変わったんだ――君が、正直で誠実な愛にあふれる関係を望み、将来のために取り組みたいのであれば最高だけど、もしデートの約束を破り、二人の関係を汚し続けるなら、これが潮時だ」といいました。

彼女はバンドの男と付き合いたいといって、私を嫉妬させ、怒らせようとしましたが、私は、「それが君の望みなら、そうするべきだ」と返しました。

それが私たちの最後のディナーとなりました。不動産の仕事も、程なくしてたたむことになりました。私は別人になっていました。私はすべてのことを感じ、理解することができました。私の周りにいる人々の意図や動機、さらには態度や感情のバイブレーションによって、私は具合が悪くなりました。

そして今、私は、自分が生きている混乱の海、愛、喜び、誠実さの欠如した世界で、覚醒したのです。その時、私は、物質が、愛も喜びも感情も持たないということに気づきました。これらの感情はすべて内側で感じられるものなのです。

イエスから受けた私の内なる教育

イエスは私の夢や瞑想の最中に、よく現れました。そこで私が受け取るのは、現世での課題の多くに関する貴重な洞察でした。さらに私たちの住む多元宇宙の理解を深めるため、私は別の世界にも案内されました。

私が教えられたのは、振動する連続体が存在し、私たちが住む世界におけるすべての思考、態度、感情、観念は、振動または周波数を持つということです。それらが私たちの振動数を構築し、私たちは宇宙の中でその振動数で認識されています。つまり振動数は私たち一人ひとりの特徴的な性質なのです。

さらに教わったことは、似たような恐れ、傷、トラウマ、観念や欲望など、同様の振動数を持つ人は、同じような人たちをひきつけます。そして彼らはお互い、鏡のような役割を担い、それぞれの成長を助け合うといいます。

最も高い振動数は、純粋な無条件の愛、喜び、至福です。最上位の天国を占めるのは、この意識を最高の表現形で発信する存在だけです。より低い振動数を持つ態度や感情は、恐れ、怒り、嫉妬、強欲、利己主義、および分離であり、その間に、さまざまなレベルが存在します。

単に天国と地獄ではなく、その間にさまざまな意識のレベルがあります。つまり、界層、次元、そしてすべての文明が存在する惑星さえ、その中に存在するのです。私は邪悪なスピリットが住むより、さらに低いレベルを見せられました。彼らの見た目はひどく醜く、オーラも暗くにごっており、ほとんどの場合、灰色で、彼らの顔つきは意識を反映しています。恐れ、怒り、殴りかかる、さらにお互いにコントロールして支配しようとする様子は、見られたものではありませんでした。私が教えられたのは、彼らはその界層にいることを運命付けられているのではなく、彼ら自身の意識のせいで、そこに引き付けられているということでした。そこは、自ら表現する場として自分で選んだ場所なのです。どの時点でも、彼らが存分に表現したら、癒しと助けを得て、より高いレベルに上昇することができます。しかし、それは自ら欲する気持ちと意思がなくてはいけないということです。

私が見たのは、彼ら自身がより高い表現レベルの道を選択したときに、手を貸すことができるよう、待っている光の存在です。それでも彼らは、その選択をするときまで、光の存在に気づくことはありません。私はレベルの低い邪悪な界層に連れて行かれ、そこでは権力争いが続き、より巧妙な方法で、人々はお互いを操りコントロールしようとしています。このレベルにも、灰色でにごったエネルギーがただよっていますが、最初のレベルほど暗いものではありません。そこでは、人々は霊的に結びつき、つながっていて、他人から愛、喜び、安心、幸せを得ようとしているので、さまざまな出来事が繰り広げられていました。

さらに振動レベルを上がると、そこでは恐れ、怒り、コントロールや操縦の必要が少なくなります。人々は、より愛と思いやり、奉仕精神にあふれています。そこのオーラの色のにごりが消え、光もより強くなります。

私たちはスピリチュアルに進化すればするほど、奉仕の道へ入っていきます。それは、他の人に奉仕する際に体を流れる愛、喜び、至福の感覚が、何事にも勝る崇高な宝物だからです。さらに上の振動レベルに行くと、判断力を身につけた人たちがいますが、彼らはまだ、宗教的、文化的な志向と信念を持ち、自らを全体から分離させています。つまり、自分のマスター、名前、イメージ、教義に没頭しています。彼らは善良な人々ですが、その他の神へつながる道は認めないでしょう。したがって彼らは自分たちを、より低い界層に留めているのです。それらの界層には、素晴らしいガイドやティーチャーがいるのですが、彼らはアセンションするために必要な意識を身につけていないので、まだ輪廻転生の仕組みの中にいます。

輪廻転生の仕組みや四次元アストラル界を越えたものがキリスト意識です。私は、あらゆる文化や信念から判断力を身につけ、すべての宗教や文化的な障壁を超越し、すべての人々および生命体に対する普遍的な愛に生きるアバター、マスター、聖人や賢者たちに会いました。彼らは極めて美しく、オーラの色は輝き、自らを含め万物の中に創造主を見ていました。彼らは、宇宙にあるすべての界層や次元にある、すべての意識を含む一つの意識をもった存在です。また彼らは普遍的で宇宙的な性質を持つ、愛、喜び、そして至福という、さらに拡大した意識の存在でもあり、彼らのその存在が惑星、宇宙および多元宇宙を構成しているのです。

アセンションの秘訣というのは、マスターできる人がほとんどいないほど単純なことだと教わりました。皆、知的で複雑なシステムや構造化された真実に没頭し、多くの場合それらを擁護しているのですが、それがさらに分離と分裂を生み出しています。

その道はシンプルなものです。それは、自分が純粋な無条件の愛、喜び、および至福になるまで、フォーカスすることとです。この目標に目を注ぎ、自分自身、他の人、そしてすべての生命に対して、いたわりの心を持つこと。それにより、人々の意識は振動レベルに沿って、より高く、拡大した意識に広げることができるのです。

ジャッジメントをマスターする秘訣は、万物の中に創造主が、そして、すべてのものが進化のために存在していることを知ることだと教えられました。それは見識をなくすということではありません。人や物事の本質を評価することなく見分け、問題に巻き込まれないようにすればよいのです。

最後に私は、キリストであるということは、自己犠牲をしすぎるということではない、自分が共鳴できない人に祝福を与え、気持ちを切り替えて前に進むことだと教わりました。私が受けた最も偉大な教えは、ゆるすことでした。

砂漠へ

私は、不動産会社を辞め、すべてを売り払い、大工になるために、高地の砂漠地帯へ向かいました。最初の仕事は、プレハブの家を建てることでした。まず、工場で組み立て、砂漠地帯に運んで行きました。

砂漠地帯で家を組み立てている間、いつのまにか私は、大工兼ガードマンの役割を担っていました。建築用のパーツや材料が到着するのを待つとき、現場に私一人ということもありました。私は自分で用意した弁当を現場に持っていき、リスや小鳥たちと一緒に食べたものです。

しばらくして、私はその小鳥やリスたちに個性があることに気づき、彼らの考え方や感情も感じ取ることができるようになりました。しばらくは自分の正気を疑ったほどです。私は、それぞれの動物の反応の仕方、どれがいじめっ子で、どれが若くて経験が浅いか、メスの見分け方などがわかりました。そして、程度の差はあるものの、動物も魂を持っていること、私たちが彼らを分け隔てしなければ、感情を通して意思疎通を図ることができると気づきました。

私の両親が、所有しているオフィスビルの改築を考えていたのですが、私に大工の技能や不動産請負業の経験があるので、その仕事は私が適任ということになりました。その仕事には、その他いくつかのオフィスの大規模な増築が含まれていました。

両親はいくつかの入札を受けましたが、私は一番低い入札額を申し出、下請け業者を集め始めました。工事が終わったとき、そのオフィスビルは最低入札額よりもかなり低く、6万ドル程度でできあがりました。私は、造園作業、自動照明、スプリンクラーやリアパーキングなど、多くの作業を追加しましたが、それは元々の計画にはなかったものです。そして多くの部分の改装も行いました。

作業が完了したら、6万ドルだけでなく、作業用に必要な4000ドルのトラックや、建築作業中にかかった経費として現金も少しあげると私はいわれていました。

完成後に多額のボーナスをもらえると思って、かなりの借金をしていました。にもかかわらず、褒めてももらえず、作業が早く終わらなかったと批判されました。私は、借金を清算する合計額と、次の冒険を始めるためのお金がわずか、残りを家族に返せれば十分だったのですが。

仕事は予定通りに終わったのに、作業に時間がかかったという人たちもいました。予定が遅れたのは一度だけで、それも母の弟の配管工が、屋根の排水口の設置を間違えてしまったときです。彼が手直しを拒否し、工事監督者が現況を承認をしなかったので、私はその板ばさみになりました。その排水口を動かすことに、主導権争いがあったのです。

両親から感謝の気持ちがなかったことで、私はひどく打ちひしがれました。財布の紐を握っているのは母であることは知っていましたし、ギリシャ時代の傷が、ここで再び影響を及ぼしたのです。今回も、私は恨みに思いませんでした。母はのちに、ＥＣＥＴＩ（私のスピリチュアル・リトリートセンター）をきちんと支援してくれました。最終的にすべての帳尻は合うのです。〝他人のものを奪ったり、自分のでないものを持ったりできない。結局、すべてはｋる魔の法則で精算される〟ということです。

私は荷物をまとめ、北へ向かいました。

サンタクルズでの大きな変革

私は、兄と住むために、カリフォルニア北部のサンタクルズに引っ越しました。兄はそこで輸入品を扱うお店をやっていて、私は、山とビーチを行ったり来たりの生活になりました。マジェスティック・レッドウッド・フォレストは素晴らしいところで、物事を考え直し、傷を癒す、愛にあふれた場所を提供してくれました。私は兄の店で、最低賃金よりすこし上回る額をもらって働きながら、たまに少しの大工仕事も請け負っていました。

その店は赤字で、あまりうまくいっていませんでした。そこで、私は売れた物の在庫をチェックし、彫刻や外国の家具などは売れていなくて、人気商品はバリから輸入したドレスだとオーナーに伝えました。さらに、彫刻のスペースを減らし、ドレス用にもっとスペースを割けば、売り上げもよくなるとアドバイスしたのです。

私は店舗を改装し、新しいラックを作って、バリとインドからのドレスの仕入れ量を増やしました。売り上げは跳ね上がり始め、店は手狭になり、大きな場所が必要になりました。兄のビジネスパートナーのチャックは、すぐに私の親友となり、私の意見や仕事ぶりに対し、非常に感謝してくれました。

私はマネージャーに昇進して少し昇給し、お店はもっと大きな場所に移りました。そこで店をフル改装し、ラックの数を増やして服をメインに陳列し、さらに服の陳列の見栄えをよくするため、彫刻は窓側に置きました。冬用にセーターをメキシコから輸入し、その前後の時期にはバリからジャケットとセーター、彫刻を仕入れました。お店の売り上げが良くなるのは冬で、特にクリスマス前後は繁盛しました。

ビジネスは大成功し、チャックは私をビジネスパートナーにすることを決めました。私は引き続き、店の拡大に協力し、心血を注ぎました。しかし、兄とチャックの間に、溝ができていました。兄は、休暇や仕入れの出張に出て店舗におらず、すべての作業をパートナーと私に任せきりだったからです。子供時代と同じでした。チャックはこの状況を不満に感じ、兄に対峙する代わりに、怒りと失望の気持ちを私にぶつけてきたのです。兄が戻ったときには、私はもうビジネスパートナーではなくなっていました。私がパートナーになりたければ、兄の取り分の半分を取ることになってしまいました。

店は赤字から、総収益30万ドルを越えるまでに伸びていて、売り上げも上がり続けていました。それが欲得の始まりで、まもなく私の存在は不要となったのです。私が長年、一生懸命に働き、ビジネスの成長のために長い時間を注いできたのにもかかわらず。

人生において、私が大きく裏切られたのは、これが2回目のことでした。初めは、母がオフィスビルの改装費用をきちんと支払わないことで私の信頼は裏切られ、今度は、親友と兄が私への支払いを奪い合いました。私が状況を良くしようと、彼らのもめ事は二人の間のことで、私が損をすべきではないと、何をいおうとも無視されました。私は感情的にも経済的にも完全に支えを失い、その直後、背中に大きな怪我をして、1カ月半の間、床に仰向けで寝るはめになりました。あとになって、うまい具合に私を店から追い出す決断は、チャックの方の貪欲さのせいだったと知りました。

最も厳しい教訓――ゆるすこと

私は断固として、被害者になることを拒否していました。カルマについても、意識が現実を作ることも知っていました。再び、自分から経済的、感情的な支えを奪われたことが、私の背中に現れたのです。

椎間板のひどい損傷に苦しんでいた私は、普段は手術に反対するカイロプラクターから、あなたの唯一の選択肢は手術をするか、車椅子を使うかのどちらかだといわれました。

私は怪我が治ることを祈り、懇願し、願いながら、ベッドに1カ月半横たわっていました。私は、あらゆることを試しました。たとえ何年かかろうとも、手術を受けずに自分で怪我を治すのだと決意していたからです。

自分で起き上がることができなかったので、食事をしないこともありました。ベッドの上でただ寝返りを打つことさえ、ものすごく苦痛でした。私の右足は感覚を失い、動かすこともできず、よくありませんでした。そこで、私は恐怖に陥って被害者になるのではなく、祈りました。するとすぐに誰かが現れて、「何か食べ物をもってきましょうか？」と聞いてくれました。

少しずつ私は動き回り始めました。寝返りをうち、這ってお手洗いに行きましたが、それ自体が私にとって歴史的ともいえる偉業でした。さらに冷蔵庫の扉を開き、手の届く場所にあるものを取って食べていました。

しばらくすると、私は松葉杖を使って立ち上がり、お手洗いに行ったり、簡単な食事を取ったりできるようになりましたが、起きていられる時間には限りがありました。松葉づえの代わりに長い杖をついて、すぐに動けるようになり、ちょうど感覚を少し取り戻し始めた私の右足の代わりとなりました。

私は日に日に、長い時間立っていられるようになりました。カイロプラクティックの施術を数回受けたのですが、それを続ける経済的な余裕はなくなりました。私は横たわり、自分が作り上げたものについて考えて、犠牲者のような振る舞いをするパターン、そして自尊心の問題などがあると感じました。

兄から、これは私のカルマだといわれたのですが、それ以上のものがあると私は感じていました。兄は自分の関与に責任を取らず、それはいつも繰り返されているようでした。

他の人たちは、「君がどこかで作り出したことなのだ――これは君が彼らにしたことであり、今それが自分に返ってきているのだ」といったのですが、この発言も的外れだと私は感じました。私は、意識が現実を作り出すことを完全に認識していましたが、現世または過去世にかかわらず、私が過去にかかわった人たちに被害を与えた記憶はありませんでした。

病室を出て出掛けるところもなかったので、私には、じっくり考える時間がたっぷりありました。深い瞑想状態の中で、ついに〝ゆるし〟という言葉が降りてきました。その時、私は、他の人の裏切り行為を完全にはゆるしておらず、責める気持ちを持ち続けていました。それが、裏切り行為を再現させていたのです。過去、私が他人を裏切ったり騙したから、私がそういう状況になるのではなく、私がゆるしていなかったから起こっていたのです。

マスターたちの初めての出現

臨死体験の後、源《ソース》との邂逅の間に体験した愛、喜び、そして至福を再現したいと思っていました。私は自分の体験のいくつかに関して、原理主義者の牧師たちに尋ねると、返ってきたのは「悪魔が姿を変えて現れた」という答えでした。ある人は「自分から洗礼を受けなければ、私は天国に行けない、それは自分にしかできないことだ」といいました。

私は、「汝の神、そして救世主として、イエス・キリストを受け入れなくてはいけない」という言葉、そして、激怒した神と苦痛を与える悪魔というお決まりの話を聞くのに、飽き飽きしていました。私はある牧師に、「神を理解しているなら、私のことも理解できるはずだ、そして、私に何が起こったのかを理解できるはずだ」といいました。さらに、「あなたたちの判断や非難にかかわらず、私たちは皆、天国に行くことがわかっているのは、素晴らしいことではないでしょうか」ともいいました。

臨死体験をした頃、私は宗教心を持っておらず、速い車に乗り、女性を追いかけ回していましたが、少なくとも私は正直で、他人を気づかい、手助けする気持ちを持っていました。全体としては自分は良い感じだと思っていて、ほとんどの人が行けるなら、私も天国に行けるはずです。

私はユニティ教会に通い始めました。そこは他よりもリベラルで、理解のあるところでした。彼らは、すべての愛情深く、寛容な神のことを語り、それは私の体験と合致するものでした。私はさらに、スピリットからも教えを受けました。

光り輝く存在は、夜や瞑想中に何度も私の元に現れ、ビジョンを見せてくれました。私がその存在に、キリストなのかと尋ねましたが、一筋のエネルギーが全身に流れました。その存在の光はとても輝いていて、肉体的な容姿を認識することはできませんでしたが、愛と慈悲の心を感じました。私はイエス以外の誰かと話すことを望んだわけではありません。私にとって、イエス以外は皆、化け物でしかなかったのです。しかし、私が気づいたのは、これは別のレベル、より高いレベルのイエスであるということです。その存在は私に、自分は人々の意識に合わせて現れるのだといいました。人々は自身の理解に従ってその存在を作り上げているため、さまざまなイメージが存在しています。

その存在は私に、とてもわかりやすい形で人生の意味を教えてくれました。しかしそれは、私が多くの原理主義者たちから教わったものとは、かなり違っていました。その存在は、自分は無限の愛、慈悲の心、ゆるし、つまり父なる神の気質を現していて、すべての人が、その存在を彼ら自身の中に見出すのが理想であるといいました。私は、背中の怪我がなければ、落ち着いて神のことを知るために、時間を割くことはなかったでしょう。

その内なる教えは、〝ヨガの父〟であるババジというヨガ行者を連れて現れる日まで続きました。私はしばらく、新しいガイドとしてババジから指導を受けることに合意しました。東洋思想を学んでみようと、イエスから心動かされたのです。

私は、キリスト教の教えは、精神的な理解は示してくれるけれど、手段や方法が欠けていることに気づきました。そこには、ほとんどの原理主義者が教える観念――神と一体になるに値しない、貧しく哀れな罪人の祈りではなく、内なる神を呼び起こすために編み出された、深い瞑想や祈りがあります。私は繊細なエネルギーについて、また、キリスト教の教義では明らかにされなかった体のツボ（エネルギーの中心）について、学ぶ必要がありました。私は、内なる教えを完全なものにするために、優秀なヨガの先生を見つけなくてはならないことがわかりました。

ヨガへの入門

私は、クララという素晴らしいヨガの先生を見つけました。彼女に自分の体の状態を伝えると、ヨガを通して治すことができますといってくれました。私の体は日に日に丈夫になっていき、やがて少しは歩けるようになりましたが、それでも立っている時間は限られていました。私の右足は完全に動くようになったわけではなく、歩くときはほとんど左足に頼っていて、右足よりもかなり短くなっています。

ヨガ教室は、バクティ・ヨガという、非常にバランスのとれたヨガを教えていました。まずみなが一つになる瞑想から始めます。クララは私たち生徒に、自分の中で何が起きているか質問し、できればそれを一言で表現して欲しいといいました。興味深いことに、ほとんどの生徒たちが答えたのは、同じ言葉でした。

グループレッスンというのは、集合意識の中で行われるようです。私たちは、それについてお互いに話し、消化する時間を与えられました。クララは、ハタ・ヨガを始め、ポーズを取りました。教室が終わる頃には、皆の問題や、ちょっとした痛みやうずきは消え、レッスンを至福に満ちた瞑想で締めくくりました。

私の背中は、まるで神聖な力が働いているかのように、どんどん丈夫になっていきました。ある日、瞑想中にヨガの行者たちが現れたので、私は彼らのことを説明しました。するとクラは、私の元に現れた行者は、彼女の先生の系統の人であると答えたのです。私は彼女の教室に何年も通い、プロセス重視のワークショップや、セラピーのセッション、同時に見つけたすべてのクラスに参加しました。唯一、神と私たちを分離しているのは、私たちの傷、トラウマ、過去の経験に基づく間違った結論――観念だということを私は知りました。癒しと処理の方法を見つけることが、私にとって最優先でした。他にも、肉体を持ったヨガの行者たちが何人か私のところに来て、瞑想とヨガの奥義を授けてくれました。

顕現化のセレモニー

ヨガ教室で最も衝撃的だったセレモニーの一つは、マニフェスティング（実現化）のセレモニーでした。私たちにとって重要なこと、本当に望むことを、三つ書き出すよう指示されました。世界平和といった曖昧なものを願ってはいけないことは明白でした。私たちが個人的に望んでいる事柄でなければなりませんでした。

私は自分が欲することをじっくり考え、黄色い紙に書きました。自分の欲しいと思うものを全員が書き出すと、たっぷりのセージを焚いているアワビの貝殻が回ってきました。私たちは、自分の望みを声に出して読み上げ、焚いたセージを振り動かし、自分のエネルギーフィールドに取り込まなくてはいけませんでした。そして、自分たちが望んでいることを空想し、それがすでに存在しているかのように振る舞いました。祈りを唱え、自分たちの望みを宇宙に放ちました。

私は、売りに出して1年以上も経つ家が売れるようにお願いしました。その時、即入居を希望している買い主に正規の値段で売れるようにと、非常に具体的にお願いしたのです。そして、二つ目には、オートバイ。三つ目は、自分の人生に美しい女性が現れて欲しいと願いました。

その儀式を行った二日後、私は売り家について電話をもらいました。すると買い手は、正規の価格を支払い、すぐに入居したいと申し出たのです。

その週末、私はホンダ250という小さなオートバイをもらい、その後、別のオートバイももらいました。2台ともボロボロでしたが、それを手に入れたことで、学びがありました

――願い事は、もっと具体的にしなくてはならなかったということです。

翌週、私は美しい女性と出会い、デートをしました。私たちの相性はまったく合わなかったのですが、彼女は非常に美しかったのです。そこで私は、この分野でも、もっと具体的に願わないといけない、そして外見にフォーカスするように浅はかなことでは、間違いなく駄目だということを学びました。

この三つの願いを現実化させたことは、私の信念をかなり強いものにし、自分自身についても大いに学びました。次は、淡い青色のハーレースポーツスター、そして、美しいと同時に、スピリチュアル、精神、感情や肉体も相性の合う人生の伴侶を願うことにしましょう。

チベット・ファウンデーションとカゼキエル

私は、チベット・ファウンデーションのトム・ドンゴという男性に会いました。彼は、信じられないほどの力をもった透視能力者でした。私と彼の間には、兄弟のような強い結びつき（過去世で兄弟の可能性が高い）があり、私は一緒に住むために、彼を家に招きました。私たちは協力して、誘導瞑想やチャネリングのセッションを開きました。

私の家はリトリートセンターになり、さまざまなティーチャー、ヒーラー、そして作家たちを後援しながら、私も聖霊《スピリット》を受け入れるために、チベットのテクニックをたくさん教わりました。

ある日のクラスでのこと、私は自分の体から飛び出してしまいました――それは臨死体験が再び起こったようでした。そこで感じる愛、喜び、至福は、言葉では表現できませんでした。クラスにいた人たちに話すようにいわれたのですが、私の口から出たのは、「言葉がない。これは言葉では表現できない」ということだけでした。そして涙が私の顔を伝って流れました。

私は再び、美しい金色に輝く白い光の中、至福の界層にいました。そこで私は美しい金色の存在が現れるのを見たのです。彼は長い金髪で、黄金の髪と黄金のあごひげを持ち、黄金の衣に包まれていました。彼は前かがみになり、あごひげを撫でながら、すべてわかっているという様子で微笑みました。それはとても慎ましやかなものでした。

彼の左側には大理石でできた小さな台があり、その上には1冊の本がおいてありました。それは、私が書く予定の本でした。そして彼の右側には、金色の弓矢がありました。それは癒しが必要な相手に対して、愛と喜びを送るために使うのだと教えられました。そして彼はカゼキエルだと名乗りました。自分の体に戻ったあと、地球の界層に再び慣れるまで、2週間かかりました。

同じセッションの後半で、大天使の一人がチャネリングされたので、私は、カゼキエルは誰なのか尋ねました。

すると彼は、**「私たちは彼を常楽（永遠の至福の神）と呼びます」**と答えました。

そこで私は大天使に、「私とカゼキエルとの関係は？」と尋ねたところ、

「あなたは彼の手であり足であり、永遠の至福の神のためのティーチャーです」という答えが返ってきました。さらに彼は、私はここで基本的な対人関係を学ぶのだと教えてくれました。

私は、あまりに何度も一人で洞窟にこもって精神的な修行をしてきました。洞窟は簡単です。彼は最後に、私がティーチャーに教えることになるだろうといいましたが、当時、私は自分の目的や自分自身についてわかっていなかったので、それには不釣り合いだと思っていました。

その日から、私は本の執筆に着手したのですが、ペンを取るのは深い瞑想をしてからでした。自分を通して流れ出てくる言葉は、自分自身が持つ英知と知性よりも、ずっと崇高なものでした。私は多くのビジョンを見せられて、予言をし、それは驚くべき精度で展開し始めたのです。ジュワル・クール大師、ヴァイワームスや、その他チベット・ファウンデーションのマスターたちから、何時間も学びました。

私が最初に試みたチャネリングの一つは、ある男性に頼まれたのが始まりでしたが、彼の過去についての情報はゼロでした。マスターの聖霊《スピリット》が私の体に入ると、父親のような温かい柔ら

かな光が体を満たしました。私は自分がとても集中しているのを感じ、そして愛が全身に注がれてきました。少し抵抗があったものの、言葉が私の口から出てきました。

私を通してチャネリングされたマスターは、依頼者の男性に向かって、父親をゆるしてあげなさいといいました。彼が許可するなら、マスターが彼の持てなかった父親になろうといいました。彼の目から涙があふれ出し、気分がだいぶ楽になりました。のちに、さらに細かい情報が彼に伝えられました。

そのセッションが終わると、このチャネリングが依頼者に深い影響を与えたのがわかりました。彼の過去に関してまったく知らなかったので、マスターが私の口を通していったことは、私にはとても意味のあることに思えませんでした。私はただメッセージを信頼して、邪魔にならないようにしなくてはいけませんでした。その後、私はチベット・ファウンデーションから最高位の意識、エネルギーの意識を持った霊媒者として認定を受けました。

地球内部への魂の旅

根底から揺さぶられるような私の体験の一つに、魂の旅を教わったことがありました。私たちはグループのまま、マカバ(正四面体が上下に重なった立体)の乗り物を作り、そして別の界層や次元、そして地球のスピリチュアルで神秘な中心地へ旅をしました。

——ある夕方のこと、私たちはギザの大ピラミッドへ行くことを決めました。気づくと、私たちはスフィンクスの右足の下を下降していました。スフィンクスの下にはトンネルがあって、横には、いくつも部屋がありました。トンネルを歩きながら部屋をのぞくと、大きな土器が見えました。小さなものが土台にあって、大きな土器が上に乗っていて蓋がついていました。土器の中が見えたので、直感的にその土器には古代の知識が書かれた巻物や、光と音の知識の巻物が詰まっているがわかりました。のちに教えられたのは、それはアトランティスに関するものだということでした。

ある部屋に入ろうとしたら、体が奇妙な力に押し返されました。私が感じた感覚は、まだその部屋の入るタイミングじゃないという明確なメッセージで、これ以上踏み込むと、深刻な結果をもたらす可能性がありました。つまり、相応しい時期まで、そこにある知識が外に漏れないようにする、何らかの守護者が存在していたのです。私はそれ以上抵抗せず、他の部屋をのぞきながら、トンネルを進んでいきました。「ああ、この情報が公開されたら人々は驚くに違いない」と、笑いながらひとりごちました。

トムが私たちを呼び戻す声が聞こえたので、私は瞑想をしている部屋に戻りました。そして私たちは魂の旅の間に何を見てきたかを書いたのですが、皆が書いた内容は、驚くほど一致していました。その旅をする上で細かい指示があったわけではなく、スフィンクスへ行って、その下を降りましょうということだけで、あとは私たち自身で目にしたことでした。

その1週間後、私たちはもう一度、魂の旅をやりたいということになりました。そこで私は、あのトンネルの中を進んでみたいといいました。私たちは同じ手法をとり、気づくと、私はスピリチュアルな仲間と、トンネルの中で、非常に長く曲がりくねった小道を進んでいました。その小道に沿ってたいまつが備えてあり、それはまるで誰かが私たちの訪問を知っていたかのようでした。

私たちがたどり着いたのは、立派な木製のドアで、金属製の非常に大きなリングがドアの取っ手についていました。そのドアが開くと、その向こう側には、妖精のような顔をした、とても小さな男の人が立っていました。背は低くても、彼には絶大な力と威光がありました。彼の両側には、2・4～3メートルほどの非常に背の高い存在が立っていました。小さな男性が長身の存在よりも偉いことは、スピリチュアルの進化の度合いから明らかでした。彼はすべて知っているという様子の微笑みで挨拶をすると、振り向いて、自分についてくるよう促しました。そして私たちはたくさんの小道を歩きました。

ある小道はジャングルにつながっており、そこにはさまざまな地形、あらゆる種類の動物がいて、さらには神話時代の生き物で絶滅したと思っているものさえ保護されていました。人々はテレパシーで動物たちをコントロールしており、お互いに尊重する意識があったので、私たちはまったく恐怖を感じませんでした。別の道には、水晶かガラスでできた巨大なドーム型の構造物がありました。大きなメインのドームは小さな個人用のドームとつながっており、それらは景観と調和し、さまざまな小道が豊かな緑の間を通っていました。空にはいくつもの宇宙船が浮かんでおり、金属の船というより、透き通ってきらきらとして、オレンジ色や金色のプラズマエネルギーのようでした。

さらに進むと、私たちは大きな海か湖のようなところにつきました。岸辺には、さまざまなサイズの飛行機や船がきれいに積み重ねられており、それらはバミューダドライアングル地域（フロリダ半島の先と、プエルトリコ、バミューダ諸島を結んだ海域。多くの船や飛行機が突如消えてしまった伝説がある）から来たものだと教えられました。それらの乗客のほとんどは、現在、地球の内部で生活しているそうです。彼らには地球の内部から出ていく選択肢もあったのですが、実際に内部を経験したとき、そこに残ることを選択したのです。

私たちは、至福の笑顔で散歩している人たちを見ることもできました。彼らは、大きな扉が開いて、地球内部へ出入りできるヴォルテックス（エネルギーが渦巻くパワースポット）を作り出した重力の渦に吸い込まれたそうです。そこには、アトランティス大陸やレムリア大陸から、大変動のときに、危険を冒して地球の内部にやって来た生き残りもいると教えられました。

小さな男性に付いて行ったツアーが終わると、彼は私に自分の名前を明かしました。

「私はデベグ。地球内部の大使をしています。今回、皆さんにお見せした理由は、私たちが非常に心配しているからです。地上の皆さんと私たちは、海と大気を共有していますが、心配しているのは、皆さんが行っている地下核実験で、それは私たちの空での爆発になっています。皆さんは地殻を破砕しているのです。一つ一つの爆発は反応と放出をもたらし、地震として感じられています。大気や海を汚染し核実験をすることで、皆さんは自身だけでなく、私たちも危険にさらしているのです。これは止めなくてはいけません」

彼は大真面目に話しており、彼の言葉には激しさが感じられました。彼が振り返りその場を去ると、私たちは帰還の時間だと告げられました。それからトンネルの同じ道をたどり、部屋に戻っていきました。

部屋に戻ると、トムは「自分が見たものを書き出して下さい」といいました。私たちが書き出した内容は、前回と同じく非常に細かいところまで似ていて、驚くほどでした。私は常に偏見を持たずオープンでいたのですが、この経験は、集団による幻覚、精神的なテレパシー、あるいは誰かの想像だとしてはねつけていました。間違いなく、これは現実にしてはあまりにも突飛すぎました。

カゼキエルとの体外離脱体験

カゼキエルと2回目にかかわったのは、瞑想のクラスでのことでした。私たちのグループは全員で瞑想をしていると、部屋全体が金色の光で満たされ、それは全員が感じ取れました。その頃、私は日常的な問題をいくつか抱えていましたが、突然、私は肉体から押し出されたのです。そして愛と至福の恍惚とした状態に、意識がどんどん拡大していきました。振り返って地球を見ると、一粒の砂のようなサイズになっていました。

すると、カゼキエルが私に、**「あそこには、あなたの問題がある。これが、本当のあなたの姿なのだよ」**といいました。

拡大した意識からみると、私の問題などとても小さくて、知覚できないほどになりました。地球でさえほとんど見えない大きさで、とても遠くにありました。そこから自分の肉体に戻ると、気分はとても軽くなっていました。

それから数日間は、自分自身をグラウンディング（エネルギー的に地に足をつける）するのがとても大変でした。すべてのものがキラキラとした光に包まれていて、ビーチに捨てられたごみを見ると、捨てた人々の無神経さに心乱されたのですが、そのごみさえキラキラして見えたのです。そのごみは他のもの同様に、神と同じ素材で作られているように見えました。つまりそのごみさえも判断できなかったのです。

内なるキリストの教え(T・I・C)

私は、T・I・C(内なるキリストの教え)という新しいスピリチュアル組織を知りました。東洋と西洋の教えを融合させて、教義の部分を外した教えです。私がスピリチュアルの道を進めるために必要なテクニックや知識であふれていたので、とても気に入りました。その教えは、確かな土台も提供してくれたのですが、だんだんと、少し厳しすぎると感じるようになりました。後になって、飛んで火に入る夏の虫のように、目に見えないネガティブな存在と戦っていたのだと気がつきました。

ある夜、私は命をかけて戦っていました。そこには、私の体を乗っ取ろうとする不吉な闇の存在がいました。目が覚めても、完全には体の感覚が戻りません。もがけばもがくほど、相手はさらに私に抵抗してきました。部分的に意識を取り戻して、体を動かそうとしたのですが、完全にコントロールはできません。私は、「私は生きるキリストだ」と断言し、キリスト、ババジ、源《ソース》に助けを求めました。

少しずつ、体をコントロールできるようになりました。立ち上がって歩き始め、一歩進むたびに、「私は生きるキリストだ」と断言しました。部屋の中を歩きながら、私はできる限りの勇気と自信を奮い立たせました。私は外に出て、ビーチを歩くことにしました。その間ずっと、その存在は、私の体を乗っ取ろうとしていました。もう日の出というときになって、ようやく私は、自分の体のコントロールを完全に取り戻しました。日が昇ると、私は勝利を感じました。その存在は去ったのです。

私はビーチに座りながら、この出来事に腹を立てていました。マスターたちに、私は保護を受けていると思っていたのに、なぜこんなことが起こるのをゆるすのか尋ねました。

彼らからの回答は、**「教えの一環として、経験する必要があることもあります。憑依する存在、肉体を持たない霊などがいると、単に教えだけでは十分ではありません。あれは、訓練と通過儀礼の一環だったのです。あなたはよくやりました」**というものでした。

私は自分に起こっていることに悩んでいました。私は地に足のついた、現実的な人間です。「私に続けて欲しいのであれば、これが本物だということを示す確固たる証明が私には必要です」と、マスターたちにいいました。

ビーチで私が座っていたところには、石や貝殻はなく、砂しかありませんでしたが、目を開けると、私の正面に、完璧なハートの形をした石がありました。私は頭の中で、まだその顕現化を受け入れられず、目を閉じる前にその石を見ていなかっただけだと、自分に言い聞かせていました。明らかに波が届かないところにあったもかかわらず、波が砂をさらって石を見せたのだと考えました。

私は石を手に持ち、家に帰ると、何の説明もせずにトムにそれを見せました。彼は、「素晴らしい顕現化だね。イエスは君のためにその石を作ったのだよ。君には確固たる証拠が必要だからね」といいました。私は自分の歩む道から外れないために、今でもその石を持っています。

T・I・C（内なるキリストの教え）は素晴らしいクラスでした。私はそこで多くの飛躍的な進歩を経験し、貴重なツールやテクニックを学び、マスターたちとの接触を深めました。

ある日、クラスの最中に、私のところにキリストが現れました。グループのリーダーが、私に、話すようにいいました。最初、私は断っていたのですが、エネルギーが高まり続け、そのエネルギーを解放しなくてはなりません。すると言葉が口から出てきました。

「宇宙は、一つの大きなパズルのようなものです。それはすべて神であり、そして、それは、すべて一体になっています」

ET（地球外生物）の起源はさまざまで、彼らの体は置かれている環境に適応しているといわれました。彼らは、さまざまな目的をもち、慈愛に満ちて創造主に仕えるものもいれば、困っていて自分自身のために動くものもいます。

私は、ETはT・I・Cプログラムにはない、歓迎されないのでその方向には進まないようにと、T・I・Cのティーチャーに助言されました。私は、取り組むべきことだとわかっていたので、もっとオープンに話せる場所を見つけなければいけないと考えました。イエスは、スピリチュアルでもテクノロジーの面でも進化したETが存在する可能性を私の心に開いてくれました。私は答えを見つけなくてはなりません。T・I・Cの生徒やティーチャーたちによるETとの直接的なコンタクト体験がコンスタントに起こり、ETのメッセ―ジへの抑圧は減っていきました。

イニシエーションとスピリチュアル・パワーの供給

私の人生には、〝大いなる神秘〟に委ねられる出来事がいくつかありました。何が起こったのかわからなくても、出来事の流れに乗ることがもっと重要なことがよくあります。

ある日曜日の朝早く、教会に行こうと思いました。カリフォルニア州のサンタクルズには、素晴らしいユニティ教会がありました。そこのティーチャーの名前はエミリーといい、彼女の説教は、いつも人々が至る所で経験する場面に相応しいものでした。

私はそこでクリスティーという女性と出会い、すぐにスピリチュアルなつながりを感じました。礼拝の間、私たちが一緒に座っていると、クリスティーが私の手を握りました。私が彼女の顔を覗き込むと、彼女は完全に啓発された表情をしていました。彼女はその状況を怖がり、方向感覚を失っていました。私は彼女に、抵抗しないで、エネルギーを皆に解放するようにいいました。

彼女は、聖霊《スピリット》から直接、伝達を受けていたのです。それはパワーの供給であり、彼女は集まった人たちのための拠り所、あるいは伝達装置の役目でした。私は彼女に、安全であること、唯一危険なのは信頼せずに聖霊《スピリット》のエネルギーの流れを遮断することだと伝えました。彼女は私の手を握ってリラックスし、エネルギーの流れが皆に行きわたるようにしました。

まわりの聴衆から、ため息が聞こえてきました。彼らがエネルギーを受け取っているのは明らかでした。多くの人々が、感じたことを述べ、高揚した気分だ、軽くなった、安らかな気持ちになったという人などや、圧倒的な愛が入ってきたのを感じたという人もいました。

礼拝が終わったとき、クリスティーは動くことも、椅子から立ち上がることができませんでした。私は、エネルギーをグラウンディングさせる手助けをし、彼女の足を通して地球に下ろしました。ようやく彼女は再び立つことができるようになり、さっきはバンビのように足がフラフラしていたといいました。彼女も変容しており、さらに高い意識レベルに上がっていました。彼女の問題の多くがどこかに行ってしまい、消し去られたようだといいました。また、彼女に、しっかりと注視しなくてはいけない高い目的があることも明確でした。

クリスティーは、自身の決断について私から助言を受けるため、私がときどき手伝っていた輸入品を扱う店を訪ねてきました。

私はいつも笑顔で、「それはすごくいいね。君はどう感じるのかな?」と聞きました。するとと彼女は、「答えはすでにわかっているの。ただ、それを反映する言葉が欲しかったの」といっていました。

オレゴン州ユージーンのレストランでは、こんな出来事が起こりました。私が朝食を食べていると、一人の男性が私のテーブルの横を歩いて行きました。彼は一瞬立ち止まると、うつろな表情をしていました。私の内なる声が、「彼は倒れるぞ」といいました。私は飛び上がってギリギリのところで彼を支えました。片手で彼のシャツをつかみ、もう一方の手で後頭部を支え、彼を横たえました。そこでウェイターが手助けをしてくれました。

私は左手で彼の頭を支え、右手を彼の心臓の上に置き、得られるだけのエネルギーを聖霊《スピリット》から受け取りました。彼は大丈夫だ、彼のタイミングなのだといわれました。私は、脳卒中や心臓発作など、病気ではないことに気づいたのです。それはイニシエーションでした。彼の魂はこれが絶妙なチャンスであり、そのために彼を横たえたこともわかりました。このことが起こるためには、エゴがない状態、つまりハイアーセルフ（高次元の自己）との再会を妨げるエゴや意識が存在しない〝変性意識〟でなくてはいけないのです。彼はこの儀式をお願いしていたのですが、それが起こったのは彼のタイミングではなく、聖霊《スピリット》のタイミングでした。

ウェイトレスたちは、緊急通報システム911番に電話したので、私は、彼は大丈夫だといいました。その直後、彼は目を開け、「ここはどこだ？」という表情をして起き上がりました。

私は電話に出て、911番からの質問を彼に伝えました。「意識を失った前歴はありますか。糖尿病ですか。心臓疾患または脳卒中の既往症はありますか」

彼は、「いいえ。私はまったく健康で、大丈夫です。この状況は理解していますし、すぐに仕事に行きます」と答えました。彼は、受け入れなくてはならず、顔をみると明らかに変化が起きていました。そして立ち上がると、変わった様子もなく歩いていきました。

ウェイターやウェイトレスは、ショックを受けていました。彼らの目の前で起きたことは、これまで経験したことがなかったからです。

私は「面白かったな」といって、自分のテーブルに戻り、朝食を食べ終えました。

ウェイターの一人が私のところにやってきて、「何が起こったのですか？　まったく理にかないません」といいました。

私はただ微笑んで、「まったく、理にかないません。このレベルではね」と答えました。

私は他の人たちのカウンセリングを始めてから、日常的にこのような出来事を経験しました。私は過去の経験から、古い傷、トラウマ、間違った結論を取り除いていました。そして障害物がきちんと取り除かれると、スピリットの川が流れ込み、愛、喜び、恍惚とした至福を作り出します。カウンセリングの後、人々は新たな幸福感、そして明確な目的を見出しました。

ビジョン

私は日常的に〝ビジョン（未来予知）〟を得ていて、個人的な出来事も実際に起こる前によく見たし、未来に起こる地球規模の現象も多く見ました。中にはとても心乱される友人や家族に影響を与えるようなビジョンもありました。沿岸部に住んでいる私の安全を脅かすものもありました。ですから私は、執着を排除してビジョンを見ることを学ばなくてはなりませんでした。

私は大きな山、その東側に流れる川、そして一区画の土地の後ろに小さな山というビジョンを見始めましたが、それがどこなのかはわかりませんでした。私は地図上で、ペンジュラム（振り子）を使い、ビジョンで見た土地の場所を探り当てました。ワシントン州西部のアダムス山（アダムズ山）の上で、ペンジュラムが大きく回り始め、私の手も、すごく熱くなりました。

ビジョンの後、私たちは手狭になっていて、広い土地や会議室が必要なので、ワシントンに、学びと癒しのリトリートセンターを作ることになるだろう思いました。サンタクルズの私の家は、瞑想やチャネリング・セッションに来る人たちで、すし詰め状態でした。

別のビジョンでは、遠い将来、西海岸が大規模な地震と津波に見舞われるのを見ていました。近い将来、大きな地震が私たちの住むカリフォルニア州北部に起こるといわれ、私は人々に、発生時間と場所、マグニチュードを伝えたのですが、まさにその通りに地震が発生しました。

地震の前、私は、悲観的な予測だと非難され、地震を引き寄せているとまでいわれました。多くの団体が、地震の情報と私を糾弾しました。できるだけ多くの人たちに警告しようとしましたが、結局、彼らの否定的な態度、執着、生存の問題を表面化させただけでした。このロマ・プリータ（1989年のサンフランシスコ地震）の発生で、多くの被害が出ました。古いショッピングモールやレンガの建物は倒壊し、そこに閉じ込められて亡くなった人もいました。新しいショッピングモールは屋根を失い、家屋は甚大な被害を受け、山腹から滑り落ちた家もありました。ニュースでは、主要な高速道路が崩壊したのを見ました。地震など予想もしなかったドライバーたちの上に、立体交差が落ちてきて、飛行機で搬送されました。そこにはバイクに乗った警官も見えました。

悲しかったのは、地震が起こった後も、人々は怒っていたことです。少しは謙虚に受け止めてもよいのに、と思いました。私はクラスに戻って、もっと多くの授業を教えたかったのですが、親友の中には、私を恨んで見放す人もいました。私はこの状況を、リトリートセンター作りに全神経を集中すべきというメッセージだと理解しました。

スリ・ユクテスワとそのパジャマ

厳しい非難を受け続け、私の頭は、疑い気味になってきました。人は、これほど多くの人々に反対され、まったく支持されないと、イライラしてくるものです。私は「キリストのような人間には、頭を休める場所がない」という言葉の意味がわかってきました。広められている教えは、エゴや分離した自己に挑戦するものではないのです。つまり体制を混乱させず、人々が現実から目をそらしたままであることをゆるす教えが、最も人気がありました。

社会意識は分離意識に基づいています。これは逆説的ですが、人々は集まり、同意し、そして分離した人生を送っています。彼らは、まるで互いに人生から分離されているように生活していて、神は遍在するという真理を見逃し、万物に神を見出すことができません。この分離という概念を受け入れたせいで、人間は、他人や自然に対してやりたい放題で、人類と地球にとって、最善とはいえない行為に、喜んで参加しているのです。

　私たちが完璧な誠実さを持ち、人類と地球のためにならない仕事や、価値あるものを生み出さずに創造的なエネルギーや他人の労働力を奪う仕事を取り除く選択をしていれば、あるいは人類や地球に何らかの害を与える仕事を排除していたら、失業率は70パーセントを超えてしまうでしょう。けれども、同じ人々が宗教やスピリチュアルなグループに集まり、人類と地球に対する愛を公言しています。中には、人類と地球を犠牲にして蓄えた莫大な富で、崇拝または称賛される人たちもいます。

　私が理解できないのは、週末には、教会、その他スピリチュアルな会合に行くにもかかわらず、平日には創造主を否定するような人々の偽善です。多くの人たちが、週末に出かけて楽しむために、平日の時間は、自然を破壊し、害を与えることに割いているのです。神や聖霊《スピリット》と一体になるための探求は、神以外のもの、つまり肉体などを否定しています。オールドエイジやニューエイジの教えの多くも、肉体のことを、神以外の何かまったく別の幻想として除外してしまっているようです。

　しっかり見ていただきたい――世界中の富を得ても、魂を失うことは、何かの役に立つでしょうか。安定を求めても、生命を支える地球の環境を破壊して、何の役に立つでしょうか。ぜいたくな遊び道具をすべて手に入れても、地球がなくなったり、生命の助けにならない地球であれば、何の役に立つでしょう。

熟考すべき最後まで最も重要なことは、物理的な世界で私たちが行うことは、精神や魂に直接影響を与えるということです。それは次の判断で、どこに向かうのかを決定します。まさにこの教えが、教会の最も「神聖な」部分から、私を追い出したのです。その理由は――？それら教会という存在やまさにその存続は、他人を犠牲にしてお金を得た人たちの寄付によって決まるからです。私は彼らに不愉快なことを思い出させますから、最大の寄付者を怒らせるなんて、とんでもない、できません。

私は非常に苛立たしい気持ちになり、自分に問題があるのではないかと、思い始めました。私がその苛立ちから解放されるために、深い瞑想に身を任せていたところ、威厳のあるライオンの顔を持つ男性が現れたので、そこで助けを求めました。

まばゆい光に囲まれた彼は、**「その道から外れずに留まりなさい」**といいました。さらに、**「あなたは最近では希少な誠実な人間である」**といい、他人の意見で自分を定義するべきではないと、はっきりいいました。

瞑想の後、私は眠ってしまったのですが、目覚めた時には気分爽快で、新たな活力がみなぎっていました。私は以前、スリ・ユクテスワ（パラマハンサ・ヨガナンダの師）の写真を見たことがあるのですが、瞑想中に現れた男性は彼でした。

目が覚めて、最初に頭に浮かんだのは、パジャマ一組が必要だということでした。うちに来て、ソファで一晩眠る人たちがよくいましたが、私は全裸で寝ていたので、私が夜中に起きなくてはならないとき、泊まっている人たちをかなり居心地を悪くさせていたかもしれません。次に浮かんだ考えは、「あれは私の想像だったのか、本当にユクテスワだったのだろうか？」というものでした。

1時間後、仲の良い友達が家の玄関に現れました。彼女は、なんと、女性チャネラーがスリ・ユクテスワのチャネリングをしたセッションから帰ってきたところだったのです。友達は私に袋をポンと投げ、そこにはパジャマが入っていました。

彼女は、「ユクテスワが、これをあなたにあげるようにって。あなたは高潔な人だけど、ただ、ときどき高潔すぎて、それがあなたの仕事を邪魔するともいっていたわよ」といいました。

私は背中がゾクゾクとして、その直後に、信じられないほどのエネルギーが流れるのを感じました。あれは本当にスリ・ユクテスワでした。私は、彼が紫の光の中で笑っているのを感じました。もう彼の仲間になるしかありませんでした。

ワシントン州への大移動

ワシントン州への移動は二つの段階で行いました。

最初の段階は、グループを作りコミュニティーの一員になりたい人は誰でも招待しました。最初のミーティングには多くの人たちが来ましたが、それぞれが夢や強い思いを抱いていて、自分のやり方だけが唯一の方法だと感じていました。そこには、軍用タンクを購入して防空壕を作りたいという生存主義者から、神はすべてを提供してくれるので自分たちはやることもなければ心配する必要もないと考える人まで、ありとあらゆる極端な人たちがいました。

一生懸命に取り組んでも、何一つ意見の一致をみることはできませんでした。私は、自分の家を売り、土地を見つけるために、二人の女性と出掛けました。これが、唯一、グループとして同意できたことでした。

私たちはいくつかの州を移動し、ワシントン州のクレエラムにたどり着き、川沿いに広大な土地を見つけました。その場所は私が地図で探り当てたところではありませんでしたが、その時は正しい場所だと感じたのです。その土地が私に相応しいものではなく、購入することが経験すべきプロセスの一つでしかないとは知らず、私は頭金を払ってその土地を確保しました。

決定するためにサンタクルズに戻りましたが、皆から疑問が噴出しました。多くの人が、前の決定を変えることを怖れて、私たちを非難したのです。私は、グループとしてではなく個人的に決めてしまった経緯に問題があったと理解しました。プロセスこそ重要でした。旅は道中もずっと変化しているにもかかわらず。私たちは、旅程が目的地と同じくらい重要であることを、忘れていることが多いのです。

ビッグフットとの夜

候補地探しの途中、私たちはスノークォルミー山脈にある小さなキャンプ場で休むことにしました。疲れていたので、フォルクスワーゲンのヴァンでキャンプを設置しました。午前2時頃、猫と人間が混ざったような大きな鳴き声とうなり声が聞こえてきました。私の最初の勘ではビッグフットでしたが、頭では、すぐに、クマかクーガーだろうと否定しました。一緒にいた女性たちは車のドアをロックし、恐怖におののいていました。あんなうなり声を聞いたのに、外に出るなんて正気じゃないといわれたのですが、自分の中の何かに突き動かされ、その正体を確認しなくてはならない気持ちになりました。

その夜は満月で、視界ははっきりしていたので、私は小道を進んでいきました。とはいえ、私はいつでもきびすを返して素早く逃げられるよう準備はしていました。まだうなり声が聞こえていたので、その生き物のいる場所と、そこまでの距離がわかりました。私は忍び足で進みながら、目と耳に全神経を集中させていました。それはまるで私のすべての感覚器官がうずいているような感じでした。

その小道の先には湖の岸辺が広がっており、湖の横には倒れた大木の幹が横たわり、その前には小さな草むらがありました。大きくて黒い姿が、大木の幹に腰かけていました。それがクマやクーガーではないのは、はっきりとわかりました。その生き物は、私の存在を感じ取ると、かがんで低い姿勢を取り、うなるのを止めました。私は、それがひどく傷ついているか、悲しんでいるように感じました。両手を体の横に置き、手のひらを外に向けて、できる限りの愛と慈悲の思いを送りました。

その生き物は少し立ち上がりましたが、私が一歩前に出て近づこうとすると、またかがんだ低い姿勢に戻りました。それが私を信頼していないことはわかっていました。私は森とその生き物の間に立っていて、その生き物の後ろには湖がありました。そこから逃げるには、私の横の15メートルほどの砂浜を通るしかありません。遮るものはありません。私たちはそこに立って、満月の下で10分ほど互いに見つめ合いました。私は、愛と平和の気持ちをテレパシーで送り、何かコミュニケーションをとろうとしました。すると、その生き物は、私が送っているものに反応し、少しリラックスして立ち上がったので、とても感じやすいのだとわかりました。

まだ人間と関係を持つことを望んではいませんでしたが、ついに完全に直立して、私のすぐそば、15メートルより近くまで歩いてきました。その黒い生き物は、見た目は猿と人間の中間で、顔は猿よりも人間に近いものでした。背は高く、そして大きな乳房があったのでメスだとわかりました。生き物は、走らずに、直立してゆっくりと歩き、私からずっと目を離しませんでした。私は、その生き物から、そっとしておいて欲しいという気持ちを感じ取りました。

家に戻ると、トムは、私たちの旅をリモート・ビューイングで観察していたといいました。私が、山でキャンプをした時に、〝何か〟が起こったよというと、彼は、「ビッグフットがいたんだろ?」といいました。家に戻ったばかりで、事前に誰も電話もしていなかったのですから、彼がこの一件を知っていることは、あり得ませんでした。

トムは私に、あのビッグフットはメスで、自分の娘がいなくなって悲しんでいたのだといいました。私があそこまで近づくことができたのは、悲しみのあまり取り乱していたからでした。彼の説明は、私の体験を裏付けるものでした。私はトムに頼んで、娘を見つけることができたか見てもらいました。すると彼は、「娘は他のビッグフットたちと一緒にいるよ。彼らは彼女を見つけ、彼女は元気にやっている」と教えてくれました。

その夜、私と女性たちは、森の中で、変わった光も目撃していました。それは非常に速い速度で、まるで何か知的存在に誘導されているように、木や岩の間を動いていました。ビッグフットは、自然界の監視者であると私は信じています。彼らは次元間を移動し、姿を変える力を持っていて、テクノロジーの世界や私たちが間違って文明とよぶ世界よりも、自然界において非常に進化した存在なのです。

ビッグフットは、進化の過程で異なる道をたどった人間の経験の一部なのです。メスのビッグフットとの接触は、私の人生を変えました。彼女からの一瞥は、私がこれまで人間と経験した理解よりも、ずっと多くの理解が伝わってきました。それはまるで、すべての文章を感覚としてテレパシーで伝えてきた感じでした。

道路での変わった出来事

移動中、私の同行者の一人が、スピリチュアルな実験をしたいかと、尋ねてきました。それは過去世にアクセスするテクニックでした。私はその話に同意し、彼女はロウソクに火を点け、私たちの前に置きました。リラックスした状態で、私たちはお互いを見つめ始めました。お互いを見つめていると、彼女は大きくて非常に恐ろしい雰囲気のバイキングの戦士に変わりました。彼は、キャンプファイアの煙と灰で煤けていました。背はとても高く筋肉質で、正直いって、私は死ぬほどビビッていました。反射的に後ろに下がると、その姿は消えて行きました。

私が、彼女に、見えたものを伝えると、それは彼女の過去世であり、私の過去世ではありませんでした。私がそこに座っていると、深い悲しみを感じ始め、そのバイキングの人生のイメージが出てきました。彼は無慈悲な戦士でしたが、彼がなぜそうなったのか、私は理解できました。そのイメージによれば、彼は家族を残酷なやり方で殺されてしまったようでした。私は彼を受け入れ、家族を失った心の傷とトラウマを癒さなくてはなりませんでした。なぜなら彼は私の一部だったからです。彼は私の過去世の一つでもあり、私の中にある傷ついた戦士であり、私は次の冒険に、彼の強さと勇気が必要でした。そのバイキングの戦士を癒し、そして受け入れ、さらに彼のユニークな側面または資質を、私の内なる武器として取り戻した後、私たちは旅路を続けました。

強い印象と感覚から、この旅にいるのは私たちだけではないと、気づいていました。そこにはマスターや、天使のようなガイドたちが、私たちの側についていました。その旅の間、私たちの感覚は鋭くなっていたのですが、それは祝福でもあり、呪いでもありました。小さな町に入るときはいつでも、そこにいる人たちすべての意識を感じ取りました。自分たちの正気を保つためだけに、私たちは浄化の作業を行わなくてはいけませんでした。

これらの街に入っていくと、本当に頭痛がして、その街を通り抜けると、治まるのです――これは、拡大した意識から学んだ教訓の一つです。

シャスタ山での出来事です。私たちは目抜き通りを歩いていると、こちらに向かって歩いてくる女性が目に入りました。女性はうつろな表情をしていて、周りのエネルギーがどうも良くありませんでした。私はとっさに道路を渡り、一緒にいた二人の女友達に、私と一緒に来るようにいいました。歩き始めると、友達の一人が、その女性のことを知っているといって引き返し、会えてうれしいといって大きくハグしました。しかし、その女性はまったく感情を示さず、私の友達をほとんど認めずに、歩き去りました。

その後すぐ、私の友達はすっかり混乱状態に陥りました。それはまるで何かが彼女にとりついたか、精気につながったかのようでした。彼女は吐き気を感じて、キャンピングカーに横たわり、どんどん気分が悪くなっていました。私は導かれるように振り返り、別のエネルギーを取り除く意図をもって、右手を使い、彼女にエネルギーを流しました。私の手は熱くなり、癒しのエネルギーが勢いよく私の体から彼女へと流れました。ネガティブなエネルギーが追い出されると、彼女は途端に元気になりました。私は自分にこんなことができるなんて知りませんでした。私は、単に直感に従って、手を上げただけでした。

私たちはその後、山の頂上に行き、その日を過ごすことにしました。そこで行った瞑想の一つで、私は、その山よりも大きくて、ローブを着た指導者を見ました。そのビジョンは、非常に謙虚な気持ちにさせてくれるものでした。その山では、その他にも多くの経験をしたのですが、そのビジョンに勝るほど深いものはありませんでした。

私が絶対に忘れない経験は、そのあとに再び、シャスタ山を訪れた時に起こりました。それは、全身に白衣かゆったりとしたガウンを着た女性の出現でした。私たちが山を下っているときに、私たちグループの先頭にいた私の前を横切りました。彼女は立ち止まり、グループの人たちに向かって、まるで話し掛けるように手をあげました。彼女はしばらくその場にとどまり、やがて山を降りてゆき、岩の後ろに消えていきました。彼女は再び岩の反対側から出てくることもなく、薄い空気の中に消えたようでした。

私は、その女性が何をいったのかグループの人たちに聞いたのですが、「どの女性のこと?」といわれました。彼らは彼女と向かい合っていたので見たはずなのですが、誰もその女性を見ていませんでした。そのあとになって、私はその山の中に、長身で金髪の種族が住んでいることを知りました。どうやら私が見たのは、その一人だったようです。

ワシントン州への引っ越し成功

次にワシントン州へ移動しようとしたときは、以前よりもうまくいきました。グループのエネルギーの気持ちの移ろいと優柔不断、すべてに折り合いをつけようとして他人に頼るのではなく、自分の内なる導きに従わなくてはいけないと気づいたのです。

ある日、クレ・エラムにある土地の所有者たちが、私に電話をかけてきて、「あの土地にはもっとお金を払ってもらいたい」といいました。その土地の価格には、お互いに合意をしたにもかかわらずです。

「私が最初に提示した金額は、受け入れないということですか?」と、私は尋ねました。彼らが、そうだというので、私は、「いいでしょう。では3日後に、頭金を私の口座に返して下さい」と伝えました。

彼らも、移り気で、優柔不断で助かりました。なぜなら私は、そこに住むつもりはなかったからです。宇宙というのは、奇妙な形で動いてくれるものです。私はオレゴン州フッドリバーで、仕事を得ました。そこはアダムス山からちょうど30分の場所で、以前にもらった導きのとおり、私にぴったりのところでした。それは正しいと感じたので、私はバッグに荷物を詰めて、フッドリバーに向かいました。

私は不動産屋を見つけ、アダムス山の近くに住みたいと伝えました。不動産屋のエージェントは、フッドリバー全域について見せてくれましたが、ワシントン州側はまったく紹介してくれませんでした。私は聖霊《スピリット》によってワシントン州側へ導かれているので、オレゴン州側はしっくりいかないと繰り返しいいました。

ある日、ワシントン州側にいたとき、ある不動産屋の看板を見て、背筋がゾクゾクしました。その不動産屋に連絡するべきだとわかりましたが、私はそうするべきかどうか悩みました。最初の不動産屋は、時間を割いて土地を案内してくれていたからです。ただ、私の要望には応えていません。すると、**「自分に正直であれ。聖霊《スピリット》に従え」**という内なる声が聞こえてきました。

私が、看板にあった番号に電話をかけると、担当の男性に、私が欲しい物件を説明しました。彼は、「まさにお望みの物件を知っています」と答えました。

私がアポを取ると、彼は他にも二つの土地を案内してくれました。それらの土地を歩いた後、私が、「いや、この土地じゃない」というと、彼は、「最初の物件と同等のものをお見せしたかったのです」といい、私の土地になる場所に連れて行きました。

そこは牧場で、まだ売りにも出されていなかったのですが、持ち主の離婚協議が進んでいて、彼は所有者たちを知っていました。

その土地を歩くと、紛れもなくエネルギーが体を通り抜けました。顔をあげると、目の前にはアダムス山が立っていました。そこにはレンズ状の雲がかかっており、下のほうはまばゆいオレンジ色に輝いていました。その雲は、形を波状に変え、それは旧約聖書に出てくる一幕のようでした。自分の真上を見上げると、一羽の白頭ワシが、円を描きながら飛んでいました。

その場所の東にはホワイト・サーモン川が流れ、私の後ろ側には、非常に申し分のないリトルマウンテンという小さな山がそびえていました。それらは私が見たビジョンとまったく同じで、私は不動産会社の担当者に向かって、「この土地に間違いない」といいました。

私の次の誕生日に、二つの象徴が現れました。その日、目を覚ますと、寝室の窓のすぐそばの木に、白頭ワシが留まっていました。その寝室は二階にあったので、目を開けたとき、私の視線は、ワシに釘付けでした。まるでそのワシが、私をじっと見つめ返しているようでした。私がワシに感謝すると、彼はうなずいたように見え、空へと飛び去っていきました。

その日の午後、私が庭で水やりをしていると、頭上で何かが旋回している影が、地面に映りました。見上げると、ワシより少し小さい純白のタカが、私の上を旋回していました。それをしばらく眺めて、それが何なのか突き止めようとしました。それは、私がこれまで見てきたタカやワシではありませんでした。自分でタカやハヤブサを育てた経験があるので、それが別の種であることは、はっきりとわかっていました。

その鳥が太陽に向かって飛んでいったので、私は目をちょっとだけ地面に向けました。おかしいなと思ったのは、地面にはその影がなく――瞬時に消えてしまったのです。顔をあげて360度見回しても、空には何もいませんでした。その鳥は、まさに消えたようでした。鳥が獲物に向かって急降下する可能性は常にあるのですが、私はその鳥が突然消えたことに対して、納得いく答えは考えつきませんでした。もちろん、ネイティブ・アメリカンの私の友達はその答えを知っていました。

牧場への帰還

私はその土地を購入し、オレゴン州フッドリバーに引っ越しました。私の妹が、そこで家を借りていたので、私は、そこの部屋を一つ使わせてもらいました。その家は、牧場から30分のところにあり、水道や暖房などもついていました。

私に、新しいガールフレンドができました。彼女もスピリチュアルな探求をしている最中で、一度、臨死体験をしており、それは、いわゆるウォークインと呼ばれるものでした。彼女が事故後に目覚めると、家族やボーイフレンドに親しみを感じなくなり、とても苦しい思いをしていました。

似たような経験をしていた私は、彼女の経験が理解でき、私たちが一緒になるのは聖霊《スピリット》によって運命づけられているように思えました。彼女と私は、私の妹が働く店でアルバイトとして働き、それ以外はリトリートセンターを建てるため、牧場で過ごしました。しかし彼女はウィンドサーフィンやパーティー、ドラッグを少し楽しむことを望んでいて、それが私との間に距離を生んだのです。

ある日、彼女が牧場に来たときのことを覚えています。その前に、彼女は徹夜でパーティーに興じていて、彼女のオーラは灰色でした。彼女は、コカインもやっていて、〝私を見て、好きになって〟という仲間に加わっていました。そのスピリチュアルな探求は、低い性質、つまりパーティーをする程度の性質のものに屈してしまい、私たちの間の溝は広がるばかりでした。私は、彼女がどこに向かっているのかを伝え、私はその方向には行けないし、彼女が光の方向へ行きたいと望むなら、私と一緒に来ることもできるといいました。数日後、彼女はウィンドサーファーと駆け落ちして、カナダに移住しました。

春が来ると、私は必需品を入れた大きな木製の箱を持って、建築中の母屋の隣に、テントを張りました。近くには小川と池があり、そこが当面の、私のお風呂代わりになりました。

その土地にいるだけで、私はエネルギーに満たされました。そこの敷地には、大きな木製の橋があり、前の所有者は大きな納屋を作ろうと考えていたようです。その橋は、長さ約20メートル、幅6メートルの大きさで、以前は材木を満載したトラックが、定期的にその橋を渡っていました。

その所有者は2回、納屋を建てようとしました。最初は嵐による破壊、2回目は大雪によって倒壊させられ、自然は、納屋建築が確実に頓挫するように仕向けたことになります。私が思うには、彼の伐採事業にかかわるカルマが原因だったのでしょう。

私はその土地に関して、怒った大地の精、ノームと揉め事がありました（後述します）。私たちは取り決めをし、それ以降、プロジェクトを止めるようなことは起こりませんでした。実際、プロジェクトは神が授けたような素晴らしい展開を見せました。

私たちは、梁《はり》の角度と一致した、完璧な窓を得ました。橋に枠組みをつくり、下見板《したみいた》をはめて、屋根に取り掛かりました。屋根の三分の一を屋根板でふいたところで、屋根板が足りなくなってしまいました。朝、私が瞑想をしていると、ババジがやってきて、**「心配するな。必要なことはすべて満たされる」**といいました。

私の手伝いをしていたデビッドとトムという二人の友達が、「屋根板はすべて使ってしまったよ」といいましたが、私は、「すべては提供されるので、心配しなくてもいいよ。屋根板はここにやってくるから」と答えました。

彼らは大工であり、現実的で洞察力のある人間でした。彼らは「そうだろうとも。あいつは、頭がおかしくなっちまった」といい、一体、どこで屋根板を買うのか考えていました。

ちょうどその時、一台のトラックが、現場につながる砂利道で動き始めました。そしてなんと、そのトラックには、屋根板が満載でした。そのトラックから降りてきた男性は、「俺の建築作業は終わって、この屋根板が余ったけれど、欲しいかい?」といったのです。その二人の友達は、驚いて口を開けたままそこに座っていましたが、一方の私は、満面の笑みを浮かべていました。私たちは、急いでその屋根板を荷台から降ろすと、再び元気いっぱいに作業に取り掛かりました。「俺たちは、神の使命を担っているのだ」と冗談まじりにいっていましたが、まだ完全には、この状況を認めようとはしませんでした。

2回目の屋根板をはめた後も、まだ屋根の三分の二しか完了していませんでした(母屋のロッヂは非常に大きな建物でした)。私は、朝の瞑想で、太陽に挨拶をする儀式をしており、その朝早くに、また「**心配するな。すべては提供される**」というメッセージを聞きました。

もう昼になっていて、その二人の友達は、「偉大な聖人さんよ、屋根板はどこだい?」といって、私を困らせていました。私は、それを笑い飛ばして、「正午になったので、ランチの時間だ。屋根板は、来るべきときに、ここに来るさ」と返しました。

私たちがランチに行って戻ってくると、現場には、屋根板をたっぷり積んだ別のトラックが来ていました。今度も前の男性と同じ話でした。彼も建築作業が終わって、屋根板がたくさん余っていたのです。クリスマスも近かったのですが、彼にはプレゼントなどを買うお金はありませんでした。私が、「その屋根板はいくらですか?」と聞くと、彼はただでくれようとしたので、お互いに公正な値段を設定し、私はそれを支払いました。別れるとき、彼は、家族が欲しがっていたものをあげられると、飛び上がって喜んでいました。

その友達と私は、クリスマスも作業を続け、屋根を一度に少しずつ開けて、屋根板をはめていきました。私たちは頻繁に止まって、ゴミ箱の中に火をおこし、凍えた指を暖めたものです。北側の最後の部分を終え、南側を終える頃には、私たちの顔に雪が吹き付けていました。

ブリッジハウス（橋の家）はついに見事に完成し、屋根がつき、窓や下見板、ドアが取り付けられました。これで屋内に移動できるので、私たちは本当にいい気分でした。最初に設置したのは薪ストーブで、冬を生き延びるには、必須のアイテムです。その建物は、断熱材や乾式壁なしには凍傷からの避難所ではありませんでした。

Txosamarra（ツオサマラ）

ある夜、私が瞑想していると、素晴らしい存在が自身の存在を知らせてくれました。それは多くの未来のビジョンを見せられたときに、私と一緒にいた存在と同じものでしたが、私はその名前を知りませんでした。その名前は古代の外国のもので聞いたこともなかったので、私はその名前で苦労していました。私は、「なんでボブやチャーリーといった名前のガイドが、私にはつかないのだろう。なぜいつも、古代の文字ばかりなのだろうか」と自問していました。その名前のつづり(Txosamarra)は非常に変わっていたので、私は正しく認識していたのか、二重に確認しなくてはいけませんでした。

しばらく瞑想してその存在と親しくなったあと、妹の家に入り、夕食をとることにしました。家に入ると、私の妹は、子供たちのことを非常に心配していました。彼女は離婚していて、ちょうど子供たちを父親と一緒に、オレゴン州フッドリバーからカリフォルニア州オレンジカウンティーまでの旅に出したばかりでした。元夫の車の調子が良くなかったので、彼女はとても心配していました。

「夕食のあとに瞑想して、何が得られるかやってみよう」と提案しました。

夕食後、私は妹と二人で座ってロウソクをつけました。瞑想の間、ツォサマラが入ってくると、部屋は点滅する光でいっぱいになりました。ツォサマラは、**「子供たちは元気だ。ちゃんと面倒を見てもらっている」**と最初にメッセージをくれました。

その時まで私たちは、妹の元夫の車が故障していたということをが知らなかったのですが、その様子を見た一人の女性が車を止め、子供と元夫を自分の車に乗せて、彼女の家へ連れて行ってくれました。その女性の夫はスクールバスの整備士をしていて、私の妹の元夫と一緒に、故障した車まで戻りました。故障の原因がサーモスタットだったことを突き止めた彼らは、車を修理工場まで運転して行き、新品のサーモスタットを載せました。しかも彼は、修理代さえも受け取らず、その間、子供たちは食事を食べさせてもらい、大好きな映画『ゴーストバスターズ』を観ていました。すべて解決し、彼らはまもなく旅路に戻りました。

ツォサマラは、彼が私とどういう関係にあるか少し話し、交信を終えました。彼は、「**私は振動連続体（多次元構造体）において、あなたの中のキリスト自身と呼ぶ存在です**」といい、続けて、「**ところで、あなたが見た点滅する光はロウソクではありません**」と私の妹にいいました。

その時ちょうど妹は、自分が視界の隅で見た点滅する光は、単にロウソクの明かりがチカチカしていたのだと考えていたので、ツォサマラは彼女の考えを見通していたのです。彼女は微笑んで、「彼は私が考えていることがなぜわかったのかしら？」といいました。

ツォサマラが彼女の考えを当てたことで、残りのメッセージはすべて正しいことが証明され、彼女は、子供の心配から解放されきました。私は長い時間、ツォサマラと時間を過ごしましたが、彼から聞く地球の変容に関する情報の精度は、非の打ち所がありませんでした。

ラムサとの出会い

妹は、私たちの地域に住んでいるJ・Z・ナイトという女性について教えてくれました。彼女は、ラムサという3万5000歳の存在をチャネリングする人物でした。彼女のチャネリングに関しては、いろいろと議論があり、私もさまざまな話を聞いていました。ワシントン州イェルムにある大きな倉庫で、ラムサが聴衆を相手に話すイベントが開催される予定でした。私は、自分自身の内なる導きにとても満足していたのですが、私の妹がそのイベントのチケットを手に入れたので、私は行くことにしました。

イベントの数日前、私は瞑想によく使っていた、山に面した森の中の丘に行くことにしました。そこは信じられないような覚醒を経験してきた、私にとって特別な場所でした。私は自分の呼吸の観察を始めて深い瞑想に入っていくと、気になる風がどこからともなく吹いてきました。私が非常に力強い存在を感じると、思考と思考のコミュニケーションが起こりました。

私は「あなたが本当にラムサなら、私はあなたがあらゆる場所に存在していて、私の言葉が聞こえることを知っています。これから尋ねる三つの質問に答えて下さい」とお願いしました。

その週の後半、妹が迎えに来てくれて、私たちはイェルムに向かいました。到着して倉庫に入ると、中にはなんと500人もの聴衆がいました。J・Z・ナイトがステージに上がってきたとき、ラムサはすでに彼女の体の中に入っていました。彼女は完全なトランス状態で、「彼」は決然とした様子でステージを横切ると、向きを変えて、私の三つの質問に答えました。

さらに彼はその質問について詳しく話した後、人間の7つのレベルについて素晴らしい講話を行いました。あのような大人数の中、ラムサが時間を割いて、私の個人的な質問に答えてくれたので、私は非常に光栄でした。

そして私は考えました、鳥が先か卵が先かと。つまり、そのイベントは、あのトピックで予め設定されていて、私はそこに導かれたのか、それともラムサは、はっきりと私に話していたのでしょうか？　その質問は非常に具体的であり、同時に、それぞれが非常に異なるものでしたが、ラムサはそれらの質問を順番に回答してくれたのです。そのうちの一つは、ドラッグの使用について、そして肉体の中の聖霊《スピリット》にしたがった生き方ではなく、肉体そのものを崇拝することに関する質問でした。それはイベントに一緒に来ていた、私のガールフレンドと私の関係を修復する、最後の努力でした。残念ながら、ラムサの言葉は彼女には伝わりませんでした。

一つ覚えているのは、自分の望みを他人に植え付けることはできないという彼の言葉でした。

彼は私を指差して、こういいました。**「マスターよ、あなたに喜びをもたらしていないものを、私が取り除きましょう」**

私のガールフレンドは、その2日後に去っていきました。

そのイベントの講話の中で、ラムサが私たちに、**「森に行きなさい。そうすれば、あなたがどれほど愛されているかお見せします」**といいました。

私はシャスタ山への旅行を計画していたので、彼はそこで約束を果たしてくれました。

ある夜、私はシスキュー湖の岸辺で瞑想をしていると、素晴らしい感覚とともに、変わったそよ風がどこからともなく吹いてきました。その風は吹いたかと思うと、すぐに止みました。私は心の中で、「オーケー。風よ、もう一度吹いてごらん」といいました。すると風が吹き始め、そして止みました。しばらく待っても、風はまったく吹きません。そこでまた、「オーケー、風よ、もう一度吹いてごらん」というと、もちろん風が吹きました。このやりとりはしばらく続いたのですが、その風には知性があることを、認めざるを得ませんでした。おそらく、その風はラムサだったのでしょう。

ちょうどその時、大きな鱒《マス》が私の目の前で跳ねあがり、それが私の意識を肉体に呼び戻しました。私が座っていた場所の近くには、これまでいなかった鳥たちがたくさん現れ、歌い続けていました。一匹のリスが私の膝の上にポンと乗って、小さな手のひらを私の胸に置き、怖がることなく、私の目を見つめました。背後にがさがさという音が聞こえると、そこには2匹の鹿が、私から60センチメートルほどのところに立っていて、その光景は、まるで映画『バンビ』のようでした。その時、私は、圧倒的な喜びと至福を感じ、その経験に感謝する気持ちでいっぱいでした。それでもなお、私のところに現れ続けるので、ラムサとのやりとりは、今後も続くのだなと思っていました。

私とコヨーテ

ブリッジハウスの内装は、ほとんど誰の手も借りずに済ませました。二人の友達にお金を払い続ける余裕はなく、彼らにボーナスを渡し、心から感謝をすると、一人はサンタクルズに戻り、もう一人はすぐに別の仕事を見つけました。

私は、南側にデッキを建てるため、外で穴を掘っていたのですが、何度も岩が出てきました。穴掘り機やショベルだと掘りきれなかったので、その穴を広げるのにブレーカーバー（スピンナハンドル）が必要でした。そんな道具がどこで探せるか、瞑想してみました。

予算がとても厳しかったので、聖霊《スピリット》が、ぴったりの道具が見つかるガレージセールに私を導いてくれるのだろうと思っていました。すると、**「掘り続けなさい」**といわれました。

「いい加減にしてくれ！　岩が邪魔で掘り進めないんだ！」

私は岩にぶつからずに掘れるか、別の穴を試してみました。地面にショベルを突っ込むと、ガツンと金属にあたったような音がして、衝撃で手が痺れてしまいました。金属の物体を掘り出してみると、なんとそれは完璧なブレーカーバーだったのです。それは、先がくさび状になった、長さ1・8メートルの重い鉄のバーでした。まさにぴったりの道具です！

一人で作業をしている時期、朝の瞑想でお日様に挨拶したあと、至福の気分で朝食をとるとようにしていました。地元の人たちは私を見て、「あいつはクスリをやっているのだろう。朝からあんなに幸せでキビキビした人はいないし、コーヒーを何杯も飲んでいるのでなければ、なおさらだ」と思っていたはずです。朝食のときにも、地元の人たちは私が経験している至福感を理解できず、受け入れないようにしていました。彼らと話すとき、私が麻薬でハイになっていると思われていたのです。

私は、臨死体験をする以前の自分を思い出し、田舎者だったその頃の自分なら、今の自分を見てどう感じるだろうかと考えました。環境保護論者や現実離れした人たち（以前はツリーハガーやエアリー・フェアリーズなどと呼んでいました）を見て、頭がおかしいか、人生の義務や責任から逃げている人たちだと思っていました。当時、カウボーイや大工だった私にとって、どちらかというと男らしさを保つことが一番大事でした。

臨死体験の後、それらすべては洗い流されたようでした。私は以前よりもバランスが取れてオープンになり、人類や自然に対して深い愛を持つようになりました。街に行くときは、自分を少し抑えなくてはいけないと気づいたのです。そう、郷に入っては郷に従えの姿勢です。

当時のことで一番よく覚えているのは、コヨーテの群れのことです。連中は夜になると、キャンキャン鳴いたり、ゾッとする遠吠えをしたりして、ブリッジハウスの周りに集まっていました。歓迎パーティーだろうと思いながらも、心の隅では、彼らの夕飯にされるのかとも思っていました。砂漠地帯で育った頃から、無害な動物だと知っていたので、こん棒を持って、こっそり忍び寄ることにしました。姿は見えないけれど、取り囲まれていることはわかり、草むらの真ん中で、私の周りでキャンキャン鳴くコヨーテは、とても不気味なものでした。

初期のスピリチュアルな集まり

最初の集まりは小規模なものでした。頭のおかしな神秘主義者が、原っぱの真ん中に、巨大な木製の箱舟のようなものを作っていると聞いた人が、集まってきたのでした。ブリッジハウスとは、うまいネーミングでした。なぜなら、それは、橋で作られていると同時に、分離のギャップに橋を架けるスピリチュアルな目的のための橋でもあったからです。私の目的は、世界平和、人類愛、平等、そして一人ひとりの個人の自由にフォーカスしていました。理想は、すべての文化や信仰が団結し、すべての宗教に見出される普遍的な原則や理解を共有する場所、つまり違いではなく類似点にフォーカスする共通の基盤を作り上げることでした。

私の使命を知れば、人々も、事業の価値を認識し、飛びついて協力してくれるだろうと思っていました。世界平和にフォーカスして、誰でも歓迎するリトリートセンター（ＥＣＥＴＩ）

は好評を博すはずでしたが、私は現実に愕然とすることになりました。それは、『フィールド・オブ・ドリームス』のようなもので、私は心の中で、「それを作れば、皆が来る」と感じていましたが、本当は、「それを作れば、作ったお前はバカだ」だったのではないかと思いました。

〝世界と個人を癒す瞑想の場です。皆さんを歓迎します〟という私たちの目的と意図を記載したチラシを貼り出しました。それでも、人はほとんど集まりませんでした。来た人たちも、無料の施しが目当てでした。私はECETIに来た人たちのニーズを支援しながら、自分のニーズやECETIのニーズは気にしていませんでした。与え続けることによって、いつか手本となって学ぶことを願いながら。

ある日、あらゆるレベルで疲れ果て、私は山に登り、尋ねました。

「なぜ、なぜ彼らは、与えないのでしょうか、与えられたものを評価しないのでしょうか？私はお手本としてできるすべてのことをしています。しかし彼らは奪っていくだけです」

すると、**「お前が、自分の仕事の価値を評価していないからだ」**といわれました。さらに、私は過去世で、献身的に神に仕え、清貧の誓いを何度も立てていましたが、神は私が貧しく暮らすことを望んでいたわけではなかったとも教えられました。

過去の経験から考えて、こうした間違った考え方を直すには、時間がかかることはわかっていましたし、そのことが今日まで私を苦しめてきました。もう一つ気づいたことは、私は他の人たちに、自分の寛大な気質を投影していたのです。彼らに、私が感じているのと同じ献身さと決意を期待することはできません。なぜなら、彼らは私が体験した源《ソース》との邂逅を、まだ体験していなかったからです。私は教会が、神の恩寵を失う恐れや自分には価値がないという思い込み、そして罪の意識につけ込んで、どのように十分の一税（収入の1割を教会等に収める一種の宗教税）を要求するのかを見てきました。私は絶対にその罠にはまらないと誓いました。その罠にはまるくらいなら、すべてを失って、自らの高潔を保ちたいと思っていました。

悲しかったのは、私は板挟みになっていたことです。多くのクリスチャンは、すぐ私を裁き、糾弾しました。なぜなら私がキリスト教の教える、怒りの神のイメージや、人間の間違った選択や、自ら作り出した現実を悪魔のせいにすることを支持しなかったからです。その代わりに、ＥＣＥＴＩでは、態度、感情や行動に対して責任を持ち、そして説明責任を果たすように教えていました。これは、イエスが**「あなたが信じれば、そのようになる」**、そして**「蒔いたように刈り取るべし」**といった時の教えと、一致しています。これはカルマの基本的な法則なのです。

ブッダもまた、**「我われは自ら思ったとおりの人間である。我われの存在のすべては自らの思いから生まれる。我われの思いが世界をつくるのだ」**、そして**「愚かな者とその悪事は、新鮮な牛乳のようなものである。荷馬車が牛乳を運ぶ馬の後をついてくるのと同様に、悪事は愚かな者につきまとう」**といっています。

私たちは人々に、男性と女性は神に似せて作られていますとも教えました。一人ひとりの男性と女性を照らす光は、神の光です。寺院は自分の中にあり、肉体と人格を超越すると、あなたは聖霊《スピリット》になります。火花は拡大して、完全な炎になることができます。これは、男性と女性を神から遠ざけておくという間違った信念に依存し、当然、神との仲介者として聖職者を置く原理主義者たちにとって、最も神を汚す行為でした。

イエスは何度も、彼の人生の意味と一緒に、内側から真の教えを明らかにしてきましたが、多くの場合、王様や宗教のニーズに合うように、完全に歪められてきました。今も聖書に書き残されているとはいえ、それを理解しているクリスチャンと聖職者は少数です。間違って伝えられてきたものを、そのまま伝えているからです。私たちは、深い瞑想のテクニック、直観と内感能力トレーニング、そしてヨガを教え続けましたが、ＥＣＥＴＩは遠隔地にあり、生徒の数も数えるほどでした。

イエスの真の教え

イエスの真の教えを理解するためには、彼の人生における一連の出来事に目を向けなくてはいけません。初め、彼は男性・女性から生まれ、**「私は人の子である」**といいました。

その後、彼は旅先で、内なるメッセージを受け始めました。彼は自分が神の使いだと気づき、**「私は神の使いだ」**といいました。

さらに生涯の仕事の中で、**「私は神の子である」**といいました。なぜなら彼は、聖霊《スピリット》から生まれた魂であることを知り、肉体と人格を超越して霊界に入ったからです。このため、人々は石を取り、彼を殺そうとしました。

彼は最後の日に、**「私は神である」**といいました。イエスは神との完全な浸礼（体全部を水につける洗礼）を経験し、神と一つになりました。彼は、**「私は何もしない。父がわたしのうちにおられて、みわざをなさっているのである」**といいました。

また彼は、**「汝らは神であり、汝らはもっと大きいわざをするであろう。わたしが父のみもとに行くからである」**ともいいました。イエスは、キリストの原型、つまり私たちの内に存在するキリスト意識の原型であり、最終的に、私たち全員が進まなくてはならない道だったのです。キリスト意識というのは、男性・女性が、彼ら自身は神であると知っているとき、そして神が、自身を男性・女性だと知る――つまりその二つが融合して一つになる時のことを意味しています。

分離、分裂、戦争、そして何百万人の死を生み出す、最も大きな誤解は、イエスという人間、人格は道であり、真理であり、光であり、誰も彼によらないでは天国にはいけないという信念です。イエスを通じて話している神は、さまざまな文化の中で、その他のマスターたちを通じて話している神と同じなのです。

神の名前、イメージ、教義に関して、批判し、糾弾し、戦争をすることは、イエスの道ではありません。それは大衆を奴隷状態にし、コントロールして操り、権力、地位、そして富を手に入れたいと望む人たちの道なのです。イエスは、無限の愛、思いやり、そしてゆるしを体現していました。神に仕える人たちがいる一方で、宗教法人に仕えるたちがいますが、彼らの行動で、どちらに属するのかがわかります。

イエスの本質、その他の偉大なマスターたちの愛と思いやりを経験した後だと、多くの原理主義者の教会で教えられていることに、私はうんざりします。それは完全にキリスト意識に反するものです。天国には、恐れ、罪の意識、自分には価値がないという考え方が入り込む余地はないからです。男性と女性を神から分離させる、低い振動が基盤となる態度や感情がありま す。

最も制限のない形で理解すれば、神は無限の愛であり、喜びであり、慈悲の心であり、ゆるしであることを教える必要があるのです。そしてそこには生命に対する畏怖の念も含まれます。なぜなら神は万物に遍在するからです。遍在に、分離はありません。パウロは、**「あなたが愛**

のうちを歩くとき、あなたは神と一緒に歩いている。神には分裂はない」といっています。

神は、まさに万物の中に遍在します。私たちは皆、神の息子であり娘なのです。

〝梨の種子が梨を生み出すように、木の実の種子から木の実の木が生えるように、神の種子は神々を生み出す〟（マイスター・エックハルト。１２６０年頃～１３２８年頃、中世ドイツのキリスト教神学者、神秘主義者）

貧困の10年

私は、十分の一税や、スピリチュアリティにお金を結び付ける考えへの嫌悪感を払拭できませんでした。お金のこととスピリットのことは、分けて考えるべきだと信じています。

私のところにやって来て、私の時間とエネルギーを消費する人たちはいましたが、寄付をする人は、ほとんどまったくいませんでした。人類と地球の覚醒や癒しに仕えるため、自分の人生と全財産を充てるあなたは本当に素晴らしいと、コメントした人はたくさんいました。彼らはキャデラックやＢＭＷ、あるいは3万ドルもする車でＥＣＥＴＩに乗り付け、最新のファッションに身を包んでいました。彼らは、スピリチュアルやヒーリング中の危機、トラウマ的な関係に陥ったり、愛する人を失ったりしたことで、しばしば分析やヒーリングを受けに来ました。彼らは、ありがとう、素晴らしい癒しになったといって、帰っていくのでした。

私たちが彼らに、光熱費の足しになる程度の寄付でも助かりますと気づかせると、彼らは「今月は家計が厳しいのです」といいながら、籠の中に5ドルや10ドルを入れていきます。その夜、彼らはレストランでの飲み食いや演劇に、50ドルから100ドルは使うのでしょう。

私は、一文無しだという人たちのカウンセリングに何時間も費やし、彼らの過去世や子供時代に受けた大きなトラウマを癒すのですが、翌日には、ギフトショップで非常に高価な宝飾品やドレスを購入している彼らに見かけていました。彼らは数カ月後、またECETIにやってきて、同じ問題について、「助けて下さい。でも、お金はないのです」などと、泣き言をいうのです。ヒーリングワークを自分の最優先事項として続けていたら、お金は自然と入ってきて、人々はその能力を高く評価するだろうと、私は信じていました。

臨死体験の後、私は人の人生を読み取る能力を持つようになっていました。私は彼らのどんな過去世でも、誕生や子供の時の経験でも、素早くそして巧みに癒すお手伝いができました。それらのブロックやパターンを取り除く際、スピリチュアルなエネルギーがざっと流れ込み、ヒーリングを受けた人々は、彼らの主たるティーチャーかガイドにより、意識による接触を受け取ります。

そこでは多くの奇跡的な癒しが起こりました。ただ、それはいつ起こるのかはわかりません。彼らには、その癒しはあなたと聖霊《スピリット》の間で起こっていて、私はできるだけ邪魔にならないようにすることしかできませんといいました。つまり、彼らも同様に、聖霊《スピリット》が彼らのガイドやヒーラーになってくれるのだと、それとなく伝えたのです。

背中にひどいケガをした女性がやってきたある日のこと、特別なヒーリングが起こりました。カウンセリングの途中で、彼女はすすり泣き始め、大きな声でゆるしを請うたのです。

私が、かつてイエスと共に歩き、十字架上のイエスの死を経験した彼女の過去世にアクセスすると、彼女は、今生で教会に通っていない自分をゆるして欲しいと、イエスに頼みました。

イエスは内なる声で、彼女に、**「汝が偶像を受け入れないようにさせたのは、誰だと思いますか？」**と尋ねました。すると偉大なエネルギーが彼女の体を通り抜け、彼女は背中を伸ばして座ることができました。彼女に、完全な癒しが訪れたのです。

彼女は寄付をしてくれましたが、彼女が体験したことを、あとで感想も書いて欲しいとお願いしました。彼女には、「無理です。私はカウンセラーであり作家です。私が他のカウンセラーからカウンセリングを受けていることを、他の人には言えません」と断られました。

これまでにも、多くの著名な作家、ティーチャー、ヒーラー、そして教育や政治の分野で高い地位にいる人たちが、ＥＣＥＴＩにやってきましたが、彼らには、自分たちの名前を表に出さないようにお願いされました。彼らは皆、主流派の世界で受け入れられていない代替療法を使っていると、厳しく非難されるのを恐れていたからです。強力な癒しと覚醒が起こっているにもかかわらず、市民から支持を得られず、ECETIの必需品への個人的な支援も受けられないことに悲しくなりました。

基本に戻る

この10年間で、私は多くの教訓を学びました。私は一時期、農務省の国有林管理局で働いたことがあるのですが、それは現地調査を行う請負仕事でした。私は、森の状態とその対策について、「森林保護」というより「森林破壊」だと、口うるさく主張していました。

私が森林管理の映像を流そうとしていた部屋の側を通りかかると、スタッフの一人が一緒に見ないかといいました。私は「あなたたちが森にしてきたことは、もう十分に見てきたので、結構です。森に構うのは止めたほうがいい。私たちがいなくても、森はやっていけます」といいました。後で知ったのですが、その部屋にはお偉いさんたちがいたらしく、予想通り、私は翌年、この仕事に呼ばれることはありませんでした。

私は、ＥＣＥＴＩの経費の足しにするため、あちこちで雑用の仕事をしていました。私は、癒しを求める人の中で、私が経済的な悪循環に陥っても気にしないような人たちを特に追い払わなければなりません。彼らは、私の時間とエネルギーを使うのは大好きですが、私のニーズを満たすための等価交換ということになると、見て見ぬふりをするのです。

中には、スピリチュアルな才能はタダなのだから、人にも無料で与えるべきだと、当然のようにいう人たちもいました。

私は彼らに、「あなたとセッションを行っている間、私は他の場所で仕事はできません。ですから電話会社や電気会社、住宅ローン会社に、私がどれだけスピリチュアルなのかを説明し、私の借金を免除するべきだと必ず伝えて下さいね」といいました。

私たちの住む物質社会には基本的な欠陥があり、スピリチュアリティは金銭的補償上のリストでは一番最後だということを私は学びました。また、スピリチュアルとビジネスのどちらのコミュニティーでも、経済的な努力に関する誠実さが完全に欠けていることも学びました。

夜、ときには明け方まで、私は本を執筆していました。多くの情報を受け取りましたが、その精度が確信できるまで、情報を出したくありませんでした。予言された多くの出来事は起こりつつあります。しかし、私は、再び危険を冒すべきか悩んでいました。それらの予言のうち一つでも当たらなければ、ずっとそのことを言われ続けることを知っているからです。20個の予言が正しくて一つが外れると、皆、その一つのミスに焦点をあてるのです。以前、私を非難した人たちと同じように、執着と拒絶に満ちた〝スピリチュアル・エゴ〟（自分の霊的能力にいい気になる）の世界に住んでいて、使者を攻撃する人たちが存在しています。

さらに、この疑問がずっと頭から離れないことにも、悩まされていました。

「どこにいるのだろう。覚醒と癒しのプロセスに尽くす人たちは、どこにいるのだろう？」

しかし、自分の中の何かに突き動かされて、前に進んで行きました。続けることは、経済的にも常識的にも意味をなさなかったのですが、前のように、何らかの方法で聖霊《スピリット》が扉を開いてくれるはず、何とかなると信じて、続けるしかありませんでした。私は、何度か、すぐにも土地を失いかねない状況に陥りましたが、奇跡的なことが土壇場で起こり、少しずつ踏みとどまることができました。

私は、このプロセスの間、一人の女性が、雪の国から私の人生に入り込むビジョンを見ていました。私たちが出会ったとき、彼女には前の結婚で二人の子供がいましたが、すぐにお互いに惹かれあいました。彼女は、麻薬とアルコールで問題だらけの人生を変えようとしている途中で、姉と一緒に住んでいました。

ある晩、彼女の家で夕食を食べているとき、彼女の姉のボーイフレンドが怒り始めました。そこにも麻薬とアルコールの問題があったのです。状況はとても暴力的になってきたので、彼女を牧場に引っ越しさせることに決めました。私たちは出会ったばかりだったので、引っ越しは時期尚早でしたが、あのような環境にいると、子供に何が起こるのか、私はカウンセラーとしてわかっていました。彼女は引っ越すことに合意し、まもなく私は家族を引き取りました。

しばらく物事は順調で、私たちはとても親密になっていきました。私は彼女が定期的に避妊をしていると思っていたのですが、知らないうちに彼女は妊娠していて、私は父親になることになりました。私は父親の役割を受け入れ、親としてのけじめをつけました。私たちは、西洋医学の免許も持つ自然療法医との予約をとりました――出産クラスと一緒に、支払い計画も立てて順調に進みました。私は、聖母マリア、そして神の女性性といわれるAAA《エーエーエー》に祈り、助けを求めました。彼女はスピリチュアルの世界で、子供の誕生と新たな意識への誕生に手を貸してくれることで知られています。

私は、得られるすべての助けが必要になることはわかっていました。私の意に反して、私の連れ合いは、福祉事務所に駆け込みました。彼らは、「父親の収入に照らすと、出産手当ができます」といいました。私は、すでに医者と支払い計画を立てていたので、彼女に「支援など必要ないよ。必ずウラがあるから」といいましたが、彼女は福祉局で手続きを行い、標準的な病院で出産したいといってきました。私はとても嫌な予感がしましたが、しぶしぶ従うしかありませんでした。政府が、「私たちはあなたを助けます」というときは、ほとんどいつも、あなたを借金漬けにするか、自由を奪うようなことになるのです。

アルーラの誕生

アルーラが生まれる前、私は、アルーラの母親との関係はうまくいかないという導きを受けていました。私は彼女に身を捧げていましたが、心の奥で、その導きは正しいとわかっていました。

私は、生まれる前のアルーラの魂とつながり始めました。実は、アルーラは自ら自分の名前を考え、これは自分の道なのだと私にいいました。アルーラは、私たちが一緒に居られなくなること、そして自分のお母さんが元の生活に戻っていくことを知っていました。そして、この経験はお父さんにとって必要なものだといいました。他の人の痛みを知らなければ、他の人を助けることはできないということでした。

これは私にとって心乱されることでした。その後、赤ちゃんの名前と目的が掲載されている名付け本を読むと、アルーラは神聖なカウンセラーという意味でした。それ以降、私は、宇宙は表面上まったく機能していないように見えても、実際にはとてもうまく回っているのだとわかりました。

その後、偽陣痛が一度あり、次に本陣痛がやってきました。急いで病院に向かう間、私は祈っていました。「神様、お願いです。車では産ませないで下さい」と。私たちは病院に到着し、状況は落ち着きました。医療スタッフは一日待ってから、合併症がないか確認しました。

スタッフから一度、羊水が破裂したので陣痛を誘発させる必要があるといわれました。私はそこで瞑想し、その必要はないという導きをはっきりと受け取りました。もう一度、スタッフに確認されましたが、「もう少し待ちます」といいました。心臓モニターが異常な心拍数を見せ始めたので、何かがおかしいようです。私がまた内なる声に耳を傾けると、心臓は問題ない、新しいモニターを持ってくるように、といわれました。モニターを取り換えると、すべて問題なくなりました。問題はモニターにあったのです。

休憩のために外に出る前に、出産は午後1時に始まり、教科書通りのような出産で、すべて問題ないと話しておきました。赤ちゃんは女の子だともいいました。私はすでに赤ちゃんの性別を知っていたので、超音波診断は受けなかったのです。私が部屋に戻ったとき、医師が陣痛を誘発させるためのオキシトシンを取り出したところでした。私が「まだ1時じゃない」というと、彼は注射器を手にしたまま座って、時計を見ていました。1時になると、叫び声が聞こえ分娩が始まったのでした。

看護師たちは一連の出来事を見ていて、すでに噂が病院中に広まっていました。その医者と、出産に立ち会うと約束してくれた友達の自然療法医の両方が、その場にいました。彼らは「どう思う？ 彼女の妊娠の感じだと、たぶん男の子だろう」といいました。

私は微笑んで、「女の子だよ。1000ドル賭けよう。私と娘は、すでに知り合いだからね」と答えました。

そんな話をしている私のことを、その時、私の連れは殺してしまいたかったはずです。その場はとても緊張した状況で、私たちは気の利いたセリフの一つや二つで誤魔化そうとしていました。つまり、男たちが、感情や非常に心配していることを隠そうとする時の典型的なやり方です。二人の医者は、お互いの顔を見て、真剣に賭けをしようかと思っていました。

アルーラの頭が出ると、すぐに彼女の体も出てきました。私の連れの手を握っていた場所から移動して、まだ側にいることを知らせながら、儀礼的にへその緒を切りました。顔を上げると、分娩室は光で満たされていました。その光は、あらゆる方向から来ているようでした。看護師と医者たちは皆、目に涙を浮かべていました。そして間違いなく、天使のような存在が部屋にいるのを感じました。娘を授かった大いなる喜びに満たされて、私は弾けてしまいそうでした。

その夜、母親と娘が寝つくと、私は家に帰り、二人の子供の世話をしました。翌日、朝早くから朝食の準備をした後、新しい妹を見せるため、二人を病院に連れて行きました。部屋には一連の出来事の展開を見た看護師たちもいて、「あなたは預言者なのですか」と聞いてきました。

私は、「いいえ、私は単に目覚めているだけです」と答えました。

離別

アルーラが生まれてまもなく、母親は昔の暮らしに戻ることにしました。福祉局が彼女に、私のところから引っ越せば、月に800ドルの手当が出るといったのです。それは中毒患者に対して「あなたの中毒のスポンサーになります」といっているようなものです。彼女は出て行き、再び飲酒を始めました。

母親と元パートナーは、麻薬、アルコール、複数の性交相手との生活のスポンサーを得るにとどまらず、それとは別に、彼女たちへ養育費を払えと、私へ訴訟を起こしたのです。私は、再び背中の調子がおかしくなり、床につき、かなり長い間、ベッドから出られなくなりました。

裁判所に電話をすると、「弁護士を雇うように」といわれました。私は電話帳に載っているすべての弁護士に電話をしたのですが、「あなたは収入が少なくて弁護をしてあげられないので、リーガルアシスタント（パラリーガル）に依頼してください」といわれました。

私がリーガルアシスタントに連絡すると、「あなたは拘置されているのですか？」と聞かれました。私がそうではないと答えると、「拘置されていないのであれば、予約が過剰状態なので、お役に立てません」といわれました。

この訴訟は、地元の地区検察局から州政府の検察局へ移管されたのですが、どちらの局も互いに何をしているのか知りませんでした。彼女たちは複数の弁護士を動かし、私に実際の収入の4倍の収入があるとみなし、カンガルー裁判（いかさま裁判。カンガルーが跳ぶようにとんとん拍子に進む様から）を開きました。私が公聴会の日を知らされたのは、終了してから2日後でした。

彼女たちの行いは、詐欺的な情報に基づく合法的な恐喝でした。私は法の下で公平な機会を与えられなかったため、そこには、正直、誠実、分別というものが甚だしく欠落していました。

私は何通もの手紙を書いて、彼女たちの情報は間違っていて、私には収入が少ないので支援を受ける資格があるという記録があること、みなされた額の収入があることはあり得ないと伝えました。しかし彼女たちは、すべての手紙を無視して、私に支払われる賃金の差し止めを求めるリーン（担保権の一種）の証書を、人々に送りつけました。

彼女たちは、私が仕事をしたこともない相手や、私の家族などに証書を送りつけ、私の本の出版社にはすべての支払いを要求しました。彼女たちは、出版社が、全国で発売した私の本に総額わずか50ドルしか送らなかったことには知りませんでしたが、それはすべて私の記録として彼女たちに届けられました。

まったくの伝聞で、一つも証拠がないのに、彼女たちは、私が別に銀行口座を持っていて、お金や収入を隠していると決めつけ、リーンを手放しません。彼女たちは、証拠もないのに、判事と陪審員になりすましたのです。

彼女たちは、私から収入をまったく見つけられないので、手持ちの詐欺的データに基づいて、リーンを今度はＥＣＥＴＩの敷地に設定すると決めました。私は結局、その訴訟を高等裁判所まで持ち込み、そこで本当の収入を立証すると、それは受理され、州政府が間違っていたことを証明しました。私が高等裁判所の判決を彼女たちに戻すと、彼女たちは「そんなことは関係ない」といって、敷地にリーンを設定し続け、その後、私たちに全額支払うよう訴えました。

私は、州政府が、傲慢にも、市民や裁判所より自分たちを上位に置いたことを、信じられない思いで見ていました。裁判所によれば、私は最大で1万4０００ドルの債務があります。リーンで1万８０００ドル以上を支払ったので、４０００ドル過払いしています。それでも彼女たちは、それとは別に1万４０００ドル支払わなければ、リーンを解除しないといってきたのです。「なぜ裁判所の判決を認めないのか？」と尋ねても、傲慢にも「訴えればいいだろう」

といってきました。これが市民に仕えて働く、私たちの政府です。むしろ彼らはマフィアみたいなもので、この恐喝は合法なのです。

私は、政治的キャリアの忙しさを口実にしないで助けてくれる清廉潔白な高官が、一人でもいることを祈って、ワシントン州の司法長官室と知事室に持っていきました。彼らは今や、犯罪行為と知りながら、進んで従事していました。彼らは皆、見て見ぬふりをして、(繰り返しになりますが)〝詐欺的情報に基づいた合法的な恐喝〟としかいえないことを、まさにその張本人に送り返したのです。

私はついに、この件について、建前としては公正な委員会で、審理の機会を与えられました。その委員会は、私を訴えていた州側の弁護士、本件の担当だった一人の福祉委員、そして福祉局で働いている男性で構成されていました。これは今まで私が見た中で、最もいかさまで、偏見に満ちた委員会でした。彼らは私の質問に回答しないばかりでなく、本件に関する証拠を用意してきませんでした。それはすべて、伝聞と偽りの請求でしたが、私は敗訴しました。

これは、私たちの州政府の腐敗、露骨な傲慢さに関する、もう一つの幻滅でした。それは、正直さと誠実さから完全に外れ、人々への不当にひどい仕打ちでした。政治家たちは宣誓した市民に奉仕するよりも、自分たちのキャリアや大企業の支援のほうに関心があるようです。真実、正直、誠実、奉仕という言葉は、現在の政府にとって異国のものです。最善の努力にもかかわらず、不正なリーンはいまだに有効であり、私たちは16年以上も継続的に嫌がらせを受けています。

ゆるし、そして前進

表面上どう見えるかにかかわらず、いずれ真実は白日の下にさらされることを私は知っています。アルーラの母親、州検事総長、州知事、そして一連の行動を考えれば、戦争局と呼んでもおかしくない福祉局を、私はゆるしてきました。家族を崩壊させるならと、母親を助成金で誘惑し、麻薬、アルコール、複数の性交相手との生活にお金を提供することが、どうして家族のためになるのか、私には今日まで理解できません。私はカウンセラーの観点から、これは無能の極みのように思えます。

にもかかわらず、私はできる限り最高の父親であり続け、こういう状況なので、できるだけアルーラが父親に愛されていることをわかるように、誕生日やクリスマスを忘れたことはありません。引き続き、私の妹がアルーラにデイケアを提供してくれたので、私はそこでアルーラと一緒に過ごしました。

これはアルーラが選んだ道だとわかっていても、それで物事が簡単になるわけではありませんでした。もっと後になって、彼女の名前にぴったりの神のカウンセラーとしてのスピリチュアルな役割を始めれば、私は彼女をもっと助けできるようになるでしょう。

家庭での問題にもかかわらず、私は、森林再生のグループと地元の森林を保護する活動に非常に積極的でした。私は皆伐（一定区間の木をすべて伐採する）を止めて保護することと、計画性のある伐採には反対しない両方の立場を理解できました。

私の仲間が希望したことの一つは、伐採コミュニティの人たちを夕食とビールに招待したいということでした。ここで恐れと不安が感じられたので、私は森に入り、瞑想しました。

私に示されたのは、バイキングが生きていた時代に、アルーラは私の妻だったということです。その時、彼女は陶器を買うために子供たちを別のバイキングのキャンプに連れて行ったため、殺されてしまいました。両キャンプの間に緊張があるので、行かないようにといったのですが、彼女は聞かずに行ってしまいました。彼らは皆殺されてしまい、それを知った私は激怒し、怒りは生涯続きました。私はあまりに怒り、戦闘用の斧を手に、ほぼ自力で相手陣営を全滅させたのです。

そしてまた同じ出来事が起ころうとしているのがわかりましたが、今回は事前に防ぐことができました。私は断固として反対し、「アルコールも、伐採業者もダメ」といいました。

その翌週、近所の人たちの集まりに伐採業者が押しかけて、人々をひどく殴るという事件が起きました。私は大工として、材木の必要性は理解しています。私が理解できないのは、皆伐の方法と環境を完全に破壊してしまうことです。皆伐は、神の創造物と生命の神聖なサイクルに対して、唾を吐く行為です。

出版の悪夢

これら試練の時、私は出版社とも問題を抱えていました。合意した契約はきちんと履行されておらず、私の書いた本『ビカミング・ゴッズ〈神々になる〉』(『リユニオン・ウィズ・ソース〈源《ソース》との再会〉』で再出版)は、発売から2年たったとき、海外でも発売され、その印税は50ドルしか支払われませんでした。

私は自問しなくてはなりませんでした。「どうなっているんだ。彼らは私の友人であり、私の〝直観と内感能力トレーニングのクラス〟のスポンサーもしてくれた。どうしていつも、魂よりもお金が優先されるのだろうか」

私たちは仲間割れをして、本は暗礁に乗り上げて動かず、私は何か手を打たなくてはなりませんでした。販売店は倒産し、販売された本からの収入は倒産とともにすべて消滅しました。本の販売促進はほとんどなく、本を取り戻さなければならないことはわかっていました。

出版社の取り分は売り上げの92パーセントだけれど、販売部数に応じて、払込金から一定比率で私に支払うといわれていました。つまり、彼らにはノウハウや販売促進能力があるはずなので、私が自分でするよりもたくさん稼げるだろうということです。本はらせん綴じで、売れ行きはすでに好調でした。

2年後、その経験のおかげで50ドルだけ金持ちになった私は、本を取り戻す時期だと考えました。販売促進やマーケティングの仕事をしない出版社に、売り上げの92パーセントを与えるのは理にかないません。私は、ほぼすべての販売促進活動を、なんの報酬もなく、一人でやっていました。

何度か衝突を繰り返した後、私はようやく、本と版権を取り戻しました。私たちは本の表紙を改訂し、変更と修正を少し加えました。手元に、ＥＣＥＴＩにある仏陀像と並んだ聖母マリア像の上に、マリア様のエネルギーが現れた素晴らしい写真（１９９６年、モナ・リー・マックレア撮影）があったので、それを表紙に載せることにしました。それが相応しいと思った理由は、彼女のエネルギーが現れるのは、カゼキエルのエネルギーとほとんど一緒だったからです。スピリチュアル・パートナーのキャロラインは、自分の出版社を設立することを決め、新しく改訂した私の本は、その出版社が出版する最初の本となりました。彼女の貴重な協力がなければ、その本とＥＣＥＴＩは消滅していたかも知れません。

マスターたちとスパゲッティ

瞑想を終えたある夜、私はスパゲッティを作ることにしました。

私は一人で、当時抱えていたすべての敵対的な体験について、熟考していました。私の道は楽なものではないとわかってはいましたが、それらの経験で、かなり参ってもいました。

私にとって、人生とは本来、自分と他人を愛し、源《ソース》のために仕える、誠実で高潔な人生を生きる、シンプルなものであるはずです。それなのに、一人の人間がこんなに多くの問題を抱えるのはどうしてでしょうか。

私は、カルマの創造が解消されること、そして涅槃の高い界層に到達するにつれて邪悪なものが頭角を現してくるという、あるヨガ行者の警告について考えていました。その訓練は厳しいものになるとわかっていましたが、自分のカルマを駆け足で解消することになり、さらに私はそのために、より賢く、強くなることもわかっていました。

スパゲッティを作っている間に、これらすべての素晴らしい理解が私に降りてきました。

窓の外に目をやり、ゆっくりと降る雪を見て、今、温かい食事と薪ストーブで燃え盛る火があることに、かつてないほど感謝の気持ちが湧いてきました。私は小さなテーブルを出して、ストーブの火の側に座り、食事を味わい始めました。

夕食も半分終わった頃、居間の真ん中に、光の柱ができてくるのが見えました。私はどの窓も、そして天窓までも見上げましたが、外から入って来る光はなく、空は厚い雲に覆われ、雪が降っているだけでした。その光の柱は、どんどん出来上がっていきました。

それは、両極性が始まった次元に行ったときの瞑想を思い出させました。光と闇がお互いに混ざり、ポジティブエネルギーとネガティブエネルギーのダンスのように、渦巻いていました。その闇は光になり、その光は闇となりました。しかしそれは、むしろ渦巻いた光の柱が、居間に現れたような感じでした。その本質を感じようと、柱の中に自分の感覚を投影すると、神聖な女性の存在を感じました。

一日中、一生懸命働いていた私は、くたくたでした。膝も背中も痛くなり、明日の朝はフッドリバーの町で始めた小さなスピリチュアル・グループで、クリアリングとヒーリングワークをする予定になっていましたが、そんな気力があるかどうか、決めかねていました。

その光の柱が、私に向かって動き始めると、私は自分に、「さあ、これから面白くなりそう

ECETI に現れた聖母マリアのエネルギー

だ。この柱が、慈悲深い性質だといいな。それなら私は準備万端」といいました。

そのスピリチュアルなエネルギーの柱は、まるで私の懸念を察したかのように動きを止めました。私の準備ができていると思うと、光の柱は再び私に向かって移動し始めました。その柱が近づくにつれ、私は涼しげな優しさと、高まるエネルギーを感じました。

その柱は右膝に触れると、ピリピリし始めました。そして不思議な感覚が私の全身を流れるとすぐに、私の背中と膝は回復し、活力を取り戻したように感じました。光の柱は、最初に現れた居間の真ん中に戻ると、消えて行きました。

不思議なことに、私はにっこり笑って「今のはおもしろい現象ですね」とだけいいました。そしてとても幸せな気持ちでした。翌日、町で行われる集まりに備えて、睡眠をとらなくてはいけないので、私はその後すぐに床に就きました。

翌日、友達のパイロットが集会に参加すると、彼にとって大きな癒しとブレイクスルーが起きました。彼の主なティーチャーとガイドは、しばしば聖霊《スピリット》とか神の女性性などと呼ばれるAAA《エーエーエー》でした。彼女こそ、私の居間に現れた白い光の柱でした。

その他の集会と問題

私は、フッドリバーの女性グループから、〝直観と内感能力トレーニングのクラス〟を教えて欲しいと依頼を受けました。そのグループはかなり上級者の集まりで、すでに形而上学に深くかかわっていました。私は依頼されたことを光栄に感じ、知っていることを共有しましょうといいました。私は、チベット・ファウンデーション、T・I・C(内なるキリストの教え)、そしてまた、さまざまなヨガ行者と8年間行った修行の中で学んだ教訓を、彼女たちと共有しました。

さらに、傷、トラウマ、過去の経験からくる間違った結論を癒すためにデザインされた、さまざまな形のプロセス志向セラピーも学んできました。その中には、子供時代のトラウマや過去世の影響を癒すテクニックも含まれていました。そのクラスは素晴らしく、全員が公開討論の形で、多くのことを共有しました。

各クラスが始まる前に、私は参加者に、次の言葉を伝えるようにしました。

「私は教祖的存在ではありません。皆さん自身が、皆さんの教祖なのです。私に従えば、皆さんは迷ってしまいます。なぜなら一人ひとりが、自分独自の目的を持っているからです。私たちがここにいる目的は、皆さんが自分自身、本当の自分を知るお手伝いをするためのツール、テクニック、そして理解を共有することです」

そのクラスは非常にパワーが与えられる場所で、通常の生徒と教師の関係よりも、むしろマスターたちの集まりのようでした。

私たちは、目に見えないネガティブな影響を与える存在や、肉体を持たない魂などを癒すテクニック、純粋な内なる導きのための予防手段、そして瞑想の上級テクニックを教えました。また、振動の連続体と一緒に、さまざまな界層や次元の話題についても触れました。そのクラスは、いわば宇宙の紳士録のようなものでした。

以前、私はT・I・Cの創設者に、ECETIの一員になりませんかと尋ねたことがあります。ただし、すべての信念体系にオープンでいなくてはいけないというと、申し出は断られました。彼らとしては、自分たちの教えが他の教えと混じることなく、純粋なままにしておきたいという思いがありました。彼女たちのニーズは理解できたのですが、私には、すべての教えを一つにまとめるという、別の目的がありました。しかし、私は彼らの書籍を購入し、ECETIでの使用を許可されました。彼らの『ビーイング・ア・クライスト！（キリストになる！）』（アン・メイヤー、ピーター・メイヤー著）という本は、東洋と西洋の教えをうまく融合しながら教義を除いたもので、強力なツールとテクニックが入っていました。私は、それを他の教えから体験したツール、テクニックや理解に加えました。

ある日、私たちが新しいクラスを始めようとしていると、T・I・Cの牧師の一人が友達を連れて、集会に現れました。彼女の友達もまた牧師の仕事に深くかかわっていました。

私たちがクラスとその内容について話していると、最後にその牧師が立ち上がって、「私は、このクラスを教える資格を持った唯一の人間です。私はこの地域を自分の担当管轄として与えられました。ジェームズは、T・I・Cの牧師ではありません」といったのです。

それに関しては、彼女は正しかったのです。私はさまざまな機関にかかわってきましたが、どの信仰の牧師になることも拒否しました。一つの信仰の牧師になることは、他の信仰から自分が分離してしまうと感じたからです。私は、上記の理由から牧師に関する部分以外、彼女と同じトレーニングを受けました。重要な点は、私のクラスは多くの教えを共有するため、T・I・Cのクラスではなかったのです。

この状況に私は困りました。私たちは神をめぐって争い、地球を縄張りや地位をかけて権力闘争をする小さな王国に分割するのですか？　そんなことは、まったく訴えるものがありません。私は立ち上がり、クラスの皆に向かって話しました。これは皆さんと聖霊《スピリット》の間のもので、ここは生徒の皆さんのクラスであり、皆さんが彼女をティーチャーとして望むのであれば、私はその決断を尊重しますといいました。

私がお願いしたのは一つだけでした。他の人についていくのではなく、自分自身のリーダーとなって下さいといって、私は部屋から立ち去りました。

私は自分のトラックに乗って家に帰り、導きを求めて、自分がよく行く小さな丘に行きました。私はとても憤慨していました。なぜなら私は、クラスの参加者、そしてクラス自体を愛していましたし、その場にいるべきだったからです。同時に私は、スピリチュアルなことで争ったり、スピリチュアルなエゴや競争に陥りたくないと思っていました。私はいつものクリアリングワークを行い、すると、素晴らしい安らぎが心に訪れました。そして、「あなたは正しいことをしました。すべてうまくいきます。彼らは選択しました」という内なる声が聞こえてきました。

その後、電話がかかってきて、私が去ったあとに何が起こったのか教えてもらいました。数人の女性が立ち上がり、自分たちの主張を伝えたそうです。

一人は、「私たちがあなたを必要としていて、私たちのティーチャーになれると思い込んで、ここに来たことにカチンときました。あなたの周りを見て下さい。サイエンス・オブ・マインドの牧師が二人、作家が一人、カイロプラクターが一人、長い間、形而上学にかかわっている看護師が数人います。彼らは知的で力強い人たちです。あなたが私たちに加わりたいのなら、私たちは歓迎します。しかし、私たちはジェームズに、クラスに来て共有して欲しいと頼んだのです。それ以来、信じられないようなことが起こっています」といいました。

他の人たちも加わり、それぞれのコメントを述べたそうです。それを聞いて、私のハートは開き始め、ほんわりとしたぬくもりを感じました。

電話が何度も鳴り、同じようなメッセージが入ってきました。しかし私は複雑な気持ちでした。非常に光栄に感じると同時に、他の牧師たちが、あのような権力闘争に参加することを選んだことで、悲しい気持ちになりました。私はその後、彼女と話をして、そのグループに合流するよう招待しました。そこには常に亀裂はありましたが、それは全員にとっての教訓となりました。

最初に彼女が連れてきた友達の牧師も加わり、クラスの中で最高の友達、そしてパートナーになりました。それから私たちは、一緒にたくさんのクラスを教えたのですが、最終的に彼女は牧場に引っ越してきました。彼女の名前はローラ・リーといい、最も大いなる知恵を備えた歩くマスターでした。

ババジに会いに

ある夜、私はサンタクルズで体外離脱して、深い瞑想状態の中で、ババジのところへ行きました。

――私たちはヒマラヤの下にある洞窟の奥にいました。そこには非常に高度な精神性を持つ人たちが、多く住んでいました。私はババジの隣に座り、彼は他の人に向かって話しながら、私の才能を称えていましたが、私自身はそんな才能をもっていないと感じていましたから、非常に恥ずかしい思いでした。

私は、何かスピリチュアルなことをやって欲しいとか、何かを具現化させてほしいなど、誰にも頼まれないように祈っていました。その時は自分に自信がなく、特にババジの能力と自分を比べれば、自信などなかったからです。ババジは私の方を向いて、片手を開きました。そこにはいくつかの石と水晶があり、一つは大きなピカピカの金でした。彼は私に、一つ選ぶようにいいました。私は彼の手を見て、「純粋で透明で輝いた水晶を、選んでほしいのはわかっているけれど、それを選ぶと、私は他の石のことが一生わからない」と思い、金を選ぼうとしましたが、彼はすぐに手を閉じて石を混ぜると、再び手を開いて私に選ぶようにいいました。私が透明な水晶を選ぶと、彼はにっこりと微笑みました。

美しい女性が、素敵なオレンジ色のサリーを着て、ババジに歩み寄ってきました。彼女は自分を犠牲にするといいました。ババジが微笑んでうなずくと、彼女は、山頂に向かう曲がりくねった道を歩き始めました。その道の先には高い崖があり、はるか下には浅い水たまりがありました。私は、「待って下さい！」といって、ババジにその犠牲を止めるよう頼みました。

彼は、私に向かってニッコリすると、**「これは儀式として行うものだから、誰も死ぬことはありません」**といいました。

私はとても恥ずかくて、死にそうでした。なぜなら、頂上で、彼女は自分の命ではなく、欲望などもっと低い性質のものを犠牲にして――それを崖の上から下にある水たまりに、象徴的に放り投げたのです。私は安堵するのと同時に、恥ずかしい思いをしました。

そして私は、ババジの寺院の敷地を案内してもらいました。そこはとても美しく、自然の洞窟、滝、庭園があり、信者とその他の指導者たちが、日々の仕事や儀式を幸せそうに行っていました。その女性はマタジと呼ばれ、しばしば女性のババジや父の従姉妹を指します。その寺院は、愛、喜び、そして崇高な知恵の灯台で、活用したい人たちに開かれています。

祈りや瞑想を通じてババジにつながる練習をすると、彼ら自身がババジと同じスピリチュアルなエネルギーの送信機となります。私はその後、目を覚ました意識にパッと戻ると、いまのは何だったのだと考えました。想像力が働き過ぎたのか？　夢？　いえ、本物の体外離脱体験だったので、その影響は今でも続いています。後日、本で知ったのですが、ババジは今も肉体を維持しており、私が体験したものと驚くほど似た僧院を持っているということです。その僧院はヒマラヤ山脈の中にあり、ガウリシャンカール・ピータムと呼ばれています。

ババジとのテント会議

ある暑い夏の日、サンタクルズの丘陵地帯で、私はテントの中に座って、一人のヨガ行者や、非常に強力な能力を持った人たちと瞑想をしていました。彼らは全員、スピリチュアルの道では上級者ばかりでした。金色の光が私に降りてくると、私の口はピクピクし始め、唇はひとりでに動いていました。それはこれまで経験した中で最も奇妙な感覚でした。

ヨガ行者は私に向かって、「ババジは、あなたが話すことを望んでいます」といいました。私には自意識があり（本当の自分ではなく小さな自分）、それを断りました。しかし、ババジは、私を簡単には解放しませんでした。私の唇は、まさに自分で意思があるかのように動き始めました。

そのヨガ行者はまた、「ババジの言葉を否定するのは適切ではありません」といいました。私は彼に、「最善を尽くして私に降りてきたことをお話ししますが、メッセージを台無しにしても責任は持ちませんよ」と答えました。

神の黄金時代に関する、素晴らしいメッセージが入ってきました。ババジは私たちに、テントの中に同じエネルギーを作り、これからやって来る黄金時代を全員に体験させてあげるといいました。そのエネルギーは荘厳なものでした。私たちは恐れも不幸も感じませんでした。その安心感と至福は素晴らしく、すべての渇望や生存問題は消えていました。「この請求書はどうやって払おうか」「何を食べようか」「どうやって継続的に住まいを手に入れようか」といった気がかり、そしていつでも根底にある、生き残るための考えや感情はなくなっていました。愛を求める欲望も、存在していませんでした。なぜなら、私たち自身が愛だからです。おかしかったことに、近所にいたすべての猫が、テントの中に入ってこようとしていました。彼らも驚くべきエネルギーを受けたかったのでしょう。

この後、ババジは内なる声で私を導きました。ある日、私が瞑想していると、池の上に、ババジの上半身が完全に現れました。彼は、私のスピリチュアルの道について、素晴しい導きと保護を申し出てくれたのですが、ババジに対する私の称賛と感謝の気持ちを表せる言葉などありません。彼は、ずっと私の人生の一部であり、私の多くの友達（中には彼らを生徒と呼ぶ人もいます）の前で定期的に顕現化して、導きを与え、ネガティブな影響を彼らに与える目に見えないものを浄化してきました。ＥＣＥＴＩでは、彼の上半身が大きな形で池の上に現れ、池の水と彼の存在を感じられる人たちを祝福していました。

メディスン・ホイール

私が得た最も深い教訓の一つは、メディスン・ホイール（儀式用の輪）での儀式の最中に起こりました。グラディスという女性がその儀式を担当していました。彼女は非常に愛にあふれ、皆のことを心から心配してくれていたので、私はいつも彼女のことを誰もが憧れる〝お母さん〟と呼んでいました。しかし、責任の取り方については、厳しく鍛えられていました。彼女はハグをして共感しながら話を聞いてくれますが、最終的には面倒を起こした責任を取らせて、その経験から教訓を得る手助けをしてくれるのです。

メディスン・ホイールは、非常にパワフルで啓発的であり、人々にお互いのつながり、地球とのつながり、そして両者の結びつきの性質の理解を助けてきました。1年の月ごとに動物、石、ハーブ、植物や木が対応していて、自分の誕生日によって指定された場所に座ると、それぞれ自分やお互いの性質を学ぶことになります。彼女は、父なる空、母なる大地、祖父なる太陽、祖母なる月という4方位と、各方位の動物の魂に敬意を払いました。最後に私たちは、崇敬される動物や動物の魂のガイドにフォーカスして、瞑想します。

瞑想していると、シャチが霧の中から現れました。シャチから発信される英知は圧倒的でした。瞑想が終わり、顔を上げると、グラディスの上に、イエスが両手を広げて、その儀式を祝福しているのが、心の目で見えたのです。それには少し驚きました。どちらかといえば、ネイティブ・アメリカンの長老か、バッファローの革でできたローブや、皮か羽の頭飾りを身に着けた男を期待していたからです。私は、見えたものを彼女に伝えました。

私が彼女のところへ行き、彼女の肩に手を乗せ、ビジョンについて話すと、彼女はすすり泣き始めました。私は彼女に大丈夫かと聞きました。

彼女によれば、彼女の父親はバプテスト派の牧師だったので、彼女はいつも、メディスン・ホイールの儀式を行ってよいのか悩んでいました。彼女は、子供たちが地球とつながり、地球を愛すること、そして神聖な生命の輪に敬意を表することを始める必要があると、心の中ではわかっていました。私は、「イエスは認めてくれると思いますよ。特に子供のことなら、もちろんです」といいました。さらに、この体験から学んだことがあります。内なる声がビジョンを見ている間に教えてくれたのは、聖霊《スピリット》への呼びかけは、それがどんな言語であろうとも、聖霊《スピリット》たちはそれを聞いているということでした。

一人ひとりそれぞれの道をゆるす時が来ました。たくさんの声をそれぞれのやり方で、すべての生命を作った創造主への調和したコーラスとして歌いましょう。真理の仕組みを分解して、名前、イメージ、教義について論争するのは人間の愚行です。天国では、すべての文化のマスターたちは、仲良く腕を組んで歩いています。彼らは、すべての文化的、宗教的な垣根を超越して、世界平和と、すべての人間と生命に対する愛に生きているからです。

自然霊との邂逅

私の牧場では、自然霊に関連する多くの現象が起きていました。彼らの存在については、いろいろと聞いていましたが、そのほとんどは、たくましい想像力の賜物か、あるいは遠い昔に起こった何かだろうと思っていました。

ある日、私が、川を見下ろす大きな岩の上に立っていると、岩が突然、崩れました。岩は真っ二つに割れて、私は尾てい骨から落ちました。それはハードな落ち方で、立っていたところから、もう半分の岩の上に落ちたのです。私は自分の体をはたいて足を引きずりながら、岩が二つに割れたところに戻りました。私が立つ前から、岩に水位標か割れ目があったのではないか、注意深く観察しましたが、何もありませんでした。それは大きな丸い溶岩で、未知の力で割れたように見えました。その岩は風化していても、前からある割れ目を示すような水位標もついていませんでした。私は、この出来事に何か関係がある存在を感じました。

私はガイドのツォサマラに、何があったのか尋ねました。それを起こしたのは大地の精のノームで、土地について何も知らない前の土地の所有者に対して、とても怒っているという答えでした。土地の前の所有者は伐採業者で、彼は牧場のあちこちにごみを残して行きました。彼は多くの老齢株の木を伐採して、川沿いに耕作地に適さない木を少し残しただけでした。

また彼は、作物の栽培にも手を出し、化学肥料を使いました。それは牧場全体に散らかっている錆びついた樽から明らかでした。幸いにも、その土地は、私が買う何年も前から使われていなかったので、それらの化学肥料は分解されていましたが、それでもノームは、まだ怒っていました。私はツォサマラにノームとの会合を設定するようにお願いしました。

「この土地に対する私の意図を伝えて下さい。そして私たちと協力するようにノームを誘って下さい」といいました。これで解決しました。ノームは、私が自然に対して深い敬意を抱いているいることを知って、大喜びでした。私は数年かけて、7000本以上の木を手に入れ、この森を入れ替えるために植林していきました。農業に使われていないスペースがたくさんあり、そこにさまざまな種類の木を植えました。

木を植える作業中、土地のはずれで、ある声が聞こえてきました。それは恥ずかしそうな女性の声で、**「愛しています」**といいました。私は自分のハートの中に、愛が染み込んでいくのを感じましたが、その声の主は特定できませんでした。その言葉を発した声の主をみつけるべく、あらゆるところを見回したのですが、存在を感じても、何もいませんでした。このエリアには家は一軒もなく、小道や人影はどこにも見当たりませんでした。

この風変りで不思議な、そして恥ずかしがりで天使のような声は、どこからともなく聞こえてきました。

私は、声の主を見つけられるかどうか、瞑想することにしました。ツォサマラが内なる声で、声の主は木の精だと教えてくれました。彼らはとてもシャイですが、彼女は森の木の植え替えに対して、感謝の気持ちを伝えたかったということです。

私が庭に出ると、植物の妖精が見えました。私は非常に小さなトウモロコシの妖精を見たのですが、その年に採れたのはとても小さなトウモロコシでした。翌年またトウモロコシの妖精を見たのですが、彼らはとても大きくなっていました。その年のトウモロコシは、とても大きく育ちました。私は植物がどのようにそれぞれの妖精を持つのか、理解し始めました。私は、ノームや妖精、自然界と協力して働くデーヴァ（サンスクリット語で神）を見たことがあります。デーヴァはすべての秩序を保ち、成長を助けてくれます。私は彼らと協力することができるとわかり、一緒に植物を大きく育てて収穫量をあげました。それは本当に楽しいものでした。

中にはいたずら好きのようなものたちもいます。ときどき私も、いたずらっ子みたいだと責められることがありました。人間のすぐそばに、あらゆる文明がすんでいるのですが、ほとんどの人間は、他の領域との意思疎通の能力を失ってしまっているのです。「この目で見るまでは信じられない」とも言いあります。

意識が現実を作る世界では、私たちは自分が体験したことを選んでいます。それを見るためには信じなくてはいけませんし、基準点を持たなくてはいけません。あるいは、少なくともその体験に偏見をもたず、オープンな態度を持たなくてはいけません。

私が知っていることは、私の庭は嘘をつかないということです。驚異的な成長と豊かさを手に入れ、さらに農薬・殺虫剤を使わないで済んでいるのは、自然の知性がもたらす可能性に心を開き、協調性を持って働くと、何が起こるのかという証拠です。

エルフ、フェアリー、ノーム、スターネーションの化身

エルフやフェアリー、ノームのような妖精のエネルギーを体験した後、私は彼らのような性質を持つ人間をたくさん見るようになりました。

私はすぐに、地球にいる多くの人間は、三次元の現実ではなく、その他の領域から来ていると気づきました。多くの場合、彼らは、自然に対する深い敬意を持っており、極めて感受性豊かな人たちで、自然の中で多くの時間を過ごす姿が見られます。そしてキラキラした目と子供らしい素直さをもっており、彼の多くは他の領域で見られる特徴と同じ、いたずら好きな一面も備えています。

彼らが姿を現す理由はたいてい、彼らから私たちの世界に、人間は環境を大事にしなくてはいけないというメッセージを伝えるためなのです。三次元の波動レベルにいることは、彼らにとって非常に困難なことで、中にはうまく対処できないものもいます。

私には、彼らをすべて集めて、互いに自然と調和して暮らせるコミュニティーを作りたいと思う気持ちもあるのですが、それは彼らの力がもっと必要なところに住むという、彼らの使命を妨げることになります。もちろん、彼らがＥＣＥＴＩにやってきて、ときどき再充電してもらうのであれば、何ら問題はありません。

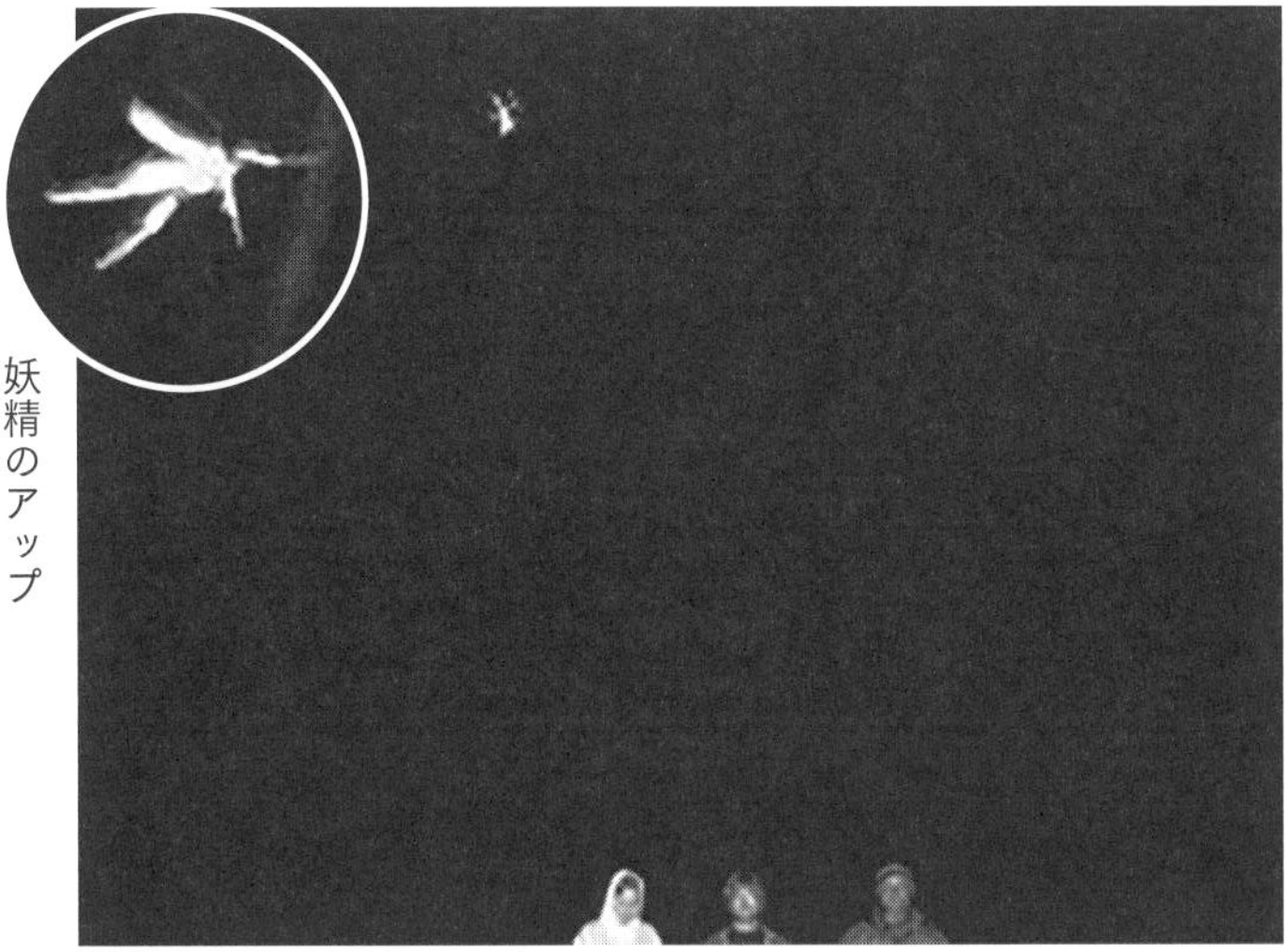

妖精のアップ

ECETI で頭上に現れた妖精

私が見てきた多くの子供たちは、先に述べた特徴を持っています。進化したスターネーション（ネイティブインディアンの言い伝えにある宇宙部族）の魂と並んで、彼らは、覚醒と癒しのプロセスの一環として、現在、これまで以上に肉体に転生しています。私はこれまで、そういう子供たちをたくさん見てきました。彼らは、インディゴ・チルドレン、中国のスーパーサイキック、ゴールデン・チルドレンなどと呼ばれます。これらすべての子供たちは、優れた才能に恵まれており、地球に来るという彼らの決断は称えられ、サポートされなくてはいけません。特に彼らの両親は、彼らが自分の才能や神聖な知性の維持に協力する、大きな責任があります。私は金色のオーラをもった子供たちを見てきました。中には虹色すべての色のオーラを持つ子供もいますし、一色のオーラだけを持つ子は一つの才能に優れています。

それぞれの光の色には、特定の意識が対応しています。金色は精神的な意識の高さを表し、紫も非常に精神的な進化を、青は愛と知性、緑は癒しを表します。これらはほんの一例で、他にもたくさんの色とや意識の組み合わせがあります。

私が子供とともに経験した最も深い体験は、すごく小さくて幼い女の子との体験でした。彼女は清らかな至福の小箱のようでした。目はキラキラときらめき、歓喜で笑顔は輝いていました。私が彼女の横を通り過ぎたとき、彼女は私に手を伸ばしながら、母親とつないでいたもう一方の手を離しました。彼女が私のところに駆けてくると、私は挨拶をするためにひざまずきました。自分の娘が手を離して見ず知らずの人のところに走っていったため、彼女の母親はどうしたらよいのか、戸惑っていました。

私は目に涙を浮かべ、顔をほころばせて彼女の母親を見上げて尋ねました。「この子が誰だかおわかりでしょうか?」

彼女の母親は反発した様子で、「わかっていると思いますよ」といいました。

私は彼女に、娘の言うことに耳を傾けるようにいいました。「娘さんが目に見えない存在について話したときは、そんなものは存在しないなどといわないで下さい。彼女はこの惑星にとっての贈り物なのです」と伝えました。

その子と触れ合った人は、同じ状態に留まらず変わっていくことが、私にはわかりました。彼女は汚れのない無垢の見本のような子であり、彼女から放たれる愛と喜びのパワーは、私がこれまで体験したものとは比べものになりませんでした。私たちは、妖精の国で以前見たものと同じ輝きを、彼女の瞳の中に見ていました。その女の子は肉体を持った妖精、天使、あるいは遠くはなれた星の国からきた進化した魂なのでしょうか？ 私が知っていることは、その小さな体からあふれる愛、喜び、そして至福感は、地球にとって本当に必要なものなのです。

ホワイト・イーグル

ＥＣＥＴＩと呼ばれる私たちのリトリートセンターでは、さまざまな原住民の部族の長老たちを受け入れてきました。毎月、私は満月の日にスウェット・ロッヂの儀式（アメリカ・インディアンの儀式のための小屋、またはこの小屋で行う〝治癒と浄化〟の儀式）を開いたのですが、あるとき、チェロキー族の長老が私に、「あなたは、スウェット・ロッヂの儀式を行うために必要なものを、すべてを持っている」といいました。

しかし、私は誰も不快な思いをさせたくないと思いつつ、その考えに悩んでいました。私はその儀式の内容を知っていましたし、自分の聖霊《スピリット》とのつながりに疑いはありませんでしたが、スウェット・ロッヂの儀式を取り仕切るのは、大きな責任でした。私の曾祖母は(インディアン居留地に強制移動させられたとき)「涙の道」を歩いた一人なので、遺伝子的に私の中にその責任はあると感じていました。そこで私は一日中瞑想し、儀式を行う許可をもらいました。

最初の儀式は、非常にうまくいきました。非常に多くの癒しのエネルギーが流れていて、私たちを、凧よりも高く浮かんでいるように感じさせ、宇宙船もそのエネルギーを気に入っているようでした。スウェット・ロッヂの儀式のあと、頻繁に起こっていたことですが、儀式を承認するかのように、宇宙船がブンブンと音を発していました。別の儀式では、儀式を行う小屋の周りを小さな光が踊るように飛んだり、羽をパタパタさせるような良いサインである音が聞こえたこともありました。ある小屋での儀式に、交通事故で婚約者を亡くして悲しみ、彼女を忘れられない男性が来ていました。その亡くなった女性が儀式の小屋に現れ、婚約者の男性に自分は大丈夫だから、もう気持ちを切り替えて前に進むようにと伝えてきました。それは彼にとって、素晴らしい癒しになりました。

私にとって最も深い儀式となったのは、25人以上の人で、小屋が定員いっぱいになったときのことでした。儀式の中で歌を唄い詠唱していると、私の両腕が生きているかのようにゆっくりと持ち上がりました。とても強力な存在が私に降りてくると、私たちは一体になりました。

私の両腕は持ち上がり続け、小屋にいる全員を抱擁するように両腕が広がると、それは皆を包み込む大きな翼のようになりました。そこにいた人たち全員から、大きなため息がもれ、彼らは、愛情たっぷりに抱きしめられているように感じていました。そのエネルギーが持続する間、私たちは静かになりました。そして私の両腕はゆっくりと体の横に下りていき、その存在はその場から去っていきました。その体験が、ホワイト・イーグルとの出会いであり、その出会いに私たちは心から感謝しました。

エーテリック・ヒーリング

ある日、非常に親しい友達が電話をかけてきて、エーテリック・ヒーリングについて教えくれました。私は瞑想中に、両手からとても強いエネルギーが流れ、手が温かくなっていくのを感じていました。そのあと、私は、アフリカ出身(現在はベルギー在住)で、その癒しの能力で有名な男性と出会いました。彼の写真を見たとき、彼は過去に私の兄弟であり、過去世でのつながりがあると即座にわかりました。

さらに、彼も、私が当時つながっていたものと同じスピリチュアルなエネルギーとつながっていることも感じました。彼は、周りの人に悟りを広め、晴れやかに笑っていました。彼の名前はエリック。ワールド・ヒーリング・フェデレーション（世界ヒーリング連盟）の会長をしていました。当時、彼はポートランドに住んでおり、少人数のヒーリング・セッションに招かれた私は、それを快諾しました。私たちは顔を合わせると、お互いが誰なのかすぐにわかりました。そこにはドキュメンタリーを撮影している撮影隊もいて、彼はエーテリック・ヒーリングを受けたいか、私に尋ねました。それに同意した私は、気づくとマッサージベッドの上に横たわっていました。エリックが特定の位置に立ち、私の体のすぐ上で手をかざすと、私は体の中をエネルギーが動いているのを感じました。

彼がセッションを行っている間、私は自分のヒーリング・ガイドとマスターたちを呼び出しました。これは他の人からヒーリングを受ける際、または瞑想を行う際に、予防策としていつも行っていることです。私は彼らに、最高の振動数を持つスピリットだけが来るように、そして目に見えないネガティブな存在から保護するように、セッションを見守っていて下さいとお願いしました。

すると、不思議なことが起こりました。私が目を閉じて変性意識状態にいる間、自分の額に二つの手が触れているのをはっきりと感じ、彼は私の足元に移動してきました。しかし、目を開けるとそこには誰もいませんでした。それはまるで、彼の魂が私の額にワークを続けながら、彼は物理的に私の体のほかの部分に移ってワークをしていたかのようでした。私は彼が他の人を癒した成功例は聞いていましたが、自分で彼の癒しを体験すると、さすがだと思いました。

セッションの間、機材がまったく機能しないため、カメラマンが腹を立てているのが聞こえてきました。私たちは屋内にいたのですが、フラッシュがまったく機能せず、数台あったカメラのどれもが、動くのを拒否したかのようでした。このようなことは以前にも起きていたので、私は何が原因なのかわかっていました。私たちのいた部屋には、すでに光が十分すぎるほどあったのです。つまりそれはスピリチュアルな光であり、カメラはそれを感知していたのですが、肉眼はそれほど繊細ではないため、その光を感知できなかったのです。街の街灯でも同じことがよく起こります。私が街灯の下を歩くと、街灯は日中だと感じ、灯りを消してしまうのです。ヨガのクラスの後は、いつも街灯の下を歩いて、一つひとつ消えていくのを見て楽しんでいました。ある街灯は、ショートして破裂したこともありました。他にもときどき、電子機器を壊してしまったこともあります。

私はカメラマンたちに、その原因を教えたのですが、彼らは信じようとしませんでした。エリックと私のエネルギーが、フラッシュ装置を止めていたのです。カメラマンが外に出るとカメラは動きましたが、部屋の中に戻ってくると、フラッシュ装置はすぐに動かなくなりました。その後、私の招きに応じたエリックは、牧場で素晴らしいワークショップを開き、そこで私と少人数のグループにエーテリック・ヒーリングの実践方法を伝授してくれました。

数カ月後、私の親友が、ヨガの高度なテクニックを学ぶためインドに行きました。私は彼女に、まだパワーを持っていないとはいえ非常に高度な存在なのに、外に答えを求めるのはなぜなのか、理解できないよといいました。インドの先生が彼女に強制したポーズが原因で、彼女は首の神経を損傷し、顔の片側が麻痺してしまいました。彼女が私に助けてくれるかと尋ねたのですが、それは彼女と神次第だと応えました。

エリックは、ワークを行うときは、赤ちゃんのようにならなくてはならないと教えてくれました。ネイティブ・アメリカンの文化には、聖霊《スピリット》が自分を満たすことをゆるすには、含気骨(中空の骨)のようにならなくてはいけないという言い習わしがあります。真のヒーラーは、聖霊《スピリット》が目的を果たせるよう、自分たちが邪魔にならないようにします。彼らは結果の責任は負いません。ときにはカルマの影響や学ぶべき教訓が他にあるために、癒しが起こらないこともあります。

私は友達のメインのスピリチュアル・ティーチャーとガイドを知っていたので、彼女の両頬に手を当てて、彼を呼び出しました。私の右手は熱くなっていき、彼女もその強烈な熱を感じていて、顔に火がついたようだといっていました。彼女もそれが癒しのエネルギーだと知っていたので、そこから逃げずに、その体験に身を任せていました。その日、宇宙は、彼女に微笑み、麻痺した顔半分に癒しが起こりました。私は彼女のガイドから、答えを自分の外に求めるのを止めるように、彼女に伝えてほしいと頼まれました。彼女は自分の目的を達成するために必要なものをすべて持っているので、自分の才能と神聖性を認めるときだということでした。

ポートランドへテレポーテーション

周辺地域で、何度も〝直観と内感能力トレーニングのクラス〟を教えた後、私はポートランドへと導かれました。私が住む場所から1時間半も離れていましたが、地元の人口が少なくてクラスの数が減っていたため、ポートランドに行かなくてはいけないと感じていました。そこには私が親しくなったヨガの先生が住んでいて、彼女は私がポートランドに出向いてクラスを教えることを望んでいました。その意向に賛同した私は、まもなく週1回ポートランドに車で通うようになり、クラスの合間にはオレゴン州ザ・ダルズ市にある、友達の家を改築する手伝いをしていました。

ある日、背中がとても痛くなりました。私は運転しながら癒しをお願いすると、いくぶん痛みが和らぎ、運転も少し楽になりました。次に起こったことは、信じられないものでした。

私は、一瞬ボーっとしたのを覚えています。ちょうどザ・ダルズを出て高速道路に入って数分しか経っていませんでしたが、気づくと私はポートランドにいたのです。そこは高速道路で、クラスを教えていた家に行くための一般道に出る場所でした。高速道路に入ってから、そこに行きつくまでの記憶は、まったくありません。

ポートランドに行くまでに通り過ぎる、見慣れた景色の記憶がありませんでした。私が気を失ったまま、何にもぶつからずに、ポートランドまで到着することはあり得ません。時計を見ると、改築作業のパートナーと朝食をとった私が、ザ・ダルズを出た8時から、たった10分しか経っていませんでした。

私はヨガの先生の家に入っていくと、彼女には、ザ・ダルズを出る前に電話をかけていたので、私を見て驚いていました。

彼女は、「本当に面白いわ。あなたがもうポートランドに居たなんて」といいました。私は彼女に、パートナーの住んでいる家に電話して、私が彼女に家にいることを伝えるようにいい、彼女の代わりに電話のダイヤルを回しました。私のパートナーが電話に出ると、彼女は、「ジェームズは、今朝、あなたと一緒だった?」と聞きました。彼は、「ああ。一緒に朝食を食べて、彼は君の家に向かっている途中だよ。おそらく1時間半後にそこに着くはずだ」と答えました。

彼女は彼に、私がすでにそこにいることを伝えましたが、彼は信じられませんでした。私が電話を代わって、彼女に家にいると話しても、彼はまだ信じられないようで、私たちが悪ふざけをしていると思っていました。

その後、二人は、専門家の意見を求めました。私は後まで、何が起こったのかはわかりませんでしたが、それが私にとって初めての、車でのテレポーテーション体験でした。

お湯のトラブル

私がポートランドから戻ると、ザ・ダルズ市にある、改築中の家は仕上げに入っており、大家に引き渡すための準備をしていました。高校の副校長が、その家を借りたがっていて、すぐにでも入居を希望していました。私たちは、できる限り急いで仕上げに取り組みました。ちょうど給湯器に点火しようとしていたときに、彼がやってきました。点火するのに必要なことはすべてやったのですが、新品なのにもかかわらず、まったく点火されません。私はすべてのバルブが開いていることを確認し、パイロットランプを見て、再度、点火してみました。

新しい借主は、イライラし始めました。彼は、飛行機に乗る予定があり、シャワーを浴びなくてはいけなかったのです。私は給湯器に手を乗せ、「点火して下さい。お湯が必要なのです」と祈りました。見込み客である彼は、この家が使える状態でなければ賃貸契約は破談だと、はっきりといいました。彼が、「水が冷たくても、シャワーを浴びるよ」と、浴室に入ると……、湯気が出るほど熱いお湯が出ていたのです。シャワーを終えて出てきた彼は、私たちにありがとうといい、浴室からは、まだ湯気があふれていました。

私たちが「何のお礼ですか？」というと、「熱いシャワーを出してくれたお礼だよ」と答えました。私のパートナーであるダーウィンは、「給湯器を点火していないのに、熱いシャワーを浴びることなんてできるわけがない。それに点火したとしても、こんなに早く、熱いシャワーが出てくるはずはない」といいました。

私たちは浴室に行くと、水は湯気が出るほど熱いままで、給湯器のある場所に戻ると、炎はおろか、パイロットランプも点いていなかったのです。

ガス会社の担当者が2日後にやって来て、「ガス管に栓がしてあった」といいました。彼は3週間以上メーターのところでガス栓が閉めてあったから、ガスが手に入る方法はなかったね、と栓を抜いて見せてくれました。

私のパートナーは、地元のメキシコ料理のテイクアウト・レストランのオーナーで、誠実さと正直さ、自分はいかに精神的にモチベーションが高いかということを、よく話していました。

しかし、その後、彼とのパートナー関係は残念なことに、利益がすべて彼の懐に入っていくという独裁的な関係になっていきました。

家を売った収益の半分はECETIに入ることになっていましたので、プロジェクトを仕上げている間、私は大きな借金を抱えることになりました。牧場の税金や、その他の諸々の返済にあてるため、私はそのお金を当てにしていました。しかし、借金を抱えても、私は契約を守りました。私にとって、約束は、父が大切にしていたそのままに、いつも守るべき法律でした。

面白いもので、人間はお金が入ると自分の約束を忘れ、誠実さを忘れて合理化してしまいます。私のパートナーは、私に払うお金はないのに、新車のBMWを買い、その後まもなく、4万ドルのランド・ローバーを手に入れました。

皮肉なことですが、彼は私の兄のパートナーと、見た目が似ていて、彼も信頼を裏切りました。それはまるで、二人が同じ鋳型から出てきたようでした。サイキックの友人がリーディングをして、彼らが冷たいオーブンのようだと表現しました。つまり、外見は温かく感じが良いのに、中は空っぽだということです。パートナーが、魂とスピリットよりも、外見と物質的な世界を優先したことが明らかでした。

孔子の言葉で、私が覚えていることに、「人が信頼、信頼、信頼というとき、それは自分の匙が、ちゃんとあるかどうかを、数える時です」というものがあります。裏切りと信頼――これら奇妙な言葉が、私の頭に何度も浮かんできました。私は本当に人を信頼したい、彼らが正直で誠実であると信じたいのですが、事前に合意した利益を共有することになると裏切られるという経験していました。

金色のスピリットの一団

ある日、深い瞑想をしていると、私は金色に輝く存在の一団の前にいました。そこには大きく、湾曲した金色のテーブルで、どちらかといえば長いデスクのようなものがありました。

その部屋には、壁もなく白い霞がかっていたので、そのテーブル以外何も見えませんでした。そこは物理的な場所というより、スピリチュアルな場所が現れた感じでした。

私は、法廷か会議室のようなところに立って、指示を受けていました。私が認識した存在の多くは、あらゆる信仰や文化のマスターでした。一部は極めてスピリチュアルな異世界からのマスターで、外見は見慣れないものでした。

その後、彼らはリトリートセンターや地球における私の仕事について、後ろで監視をしている者たちだと教わりました。多くの人たちと同様に、私は彼らから指示を受け取っていました。

私は、その指示を思い出せなかったけれど、気にすることはないといわれました。なぜなら、それらの指示は私の潜在意識に入っていて、必要になれば思い出せるからです。そのおかげで、地球の上空や地底にかかわらず、私は一人ではないのだと気づきました。

多くの人々は、睡眠中または体外離脱の間に、潜在意識の中に情報を直接受け取っており、その情報は、〝覚醒および癒しのプロセス〟で、彼らの運命を全うする手助けをしてくれるのです。頻繁に瞑想を行えば、他のレベルで継続的に行われているスピリチュアルな邂逅に、意識的に気づくことは簡単になります。三次元の精神的、感情的そして形而下の意識に、その記憶を引き出すことは難しいので、多くの人たちがそれらの邂逅に気づいていません。

ピラミッドの建築

ある夜のこと、長い瞑想のあとにみた夢の中で、私は金色のピラミッドを見せられました。そのピラミッドを見た後、エネルギーの塊が私の胸を打ち、その衝撃で、体が30センチメートルほど空中に浮きあがりました。それはどこからともなくやってきました。痛くはなかったのですが、一瞬で私の注意を引きました。それは、癒しと瞑想部屋のためにピラミッドを建てるのは良い考えかも知れないという、いわば何気ないヒントのようなものでした。

私は屋根のない10坪ほどの広さの建物を持っていて、いずれ二階部分を増築しようと思っていました。その建物について瞑想をすると、そこに建てるのがベストだという強いエネルギーの振動を感じました。しかし私はピラミッドを建てる知識がなかったので、そのまま瞑想を続けました。すると、適切な角度での材料の切り出し方と、板材の留め方を見せてくれました。

ブリッジハウスを建てたときと同じく、私は憑りかれたように、早朝から夜まで作業を続けて、あふれ出るエネルギーに押されて完成まで漕ぎ着けました。そこで感じたのは、キリストのような波動ですが、新しい存在でした。私は、「ピラミッドを建てる知識はどこからやってくるのだろう?」と、自問を続けました。

その時、エネルギーが、再び私の体を一撃しました。ピタゴラスという名前が浮かぶと同時に、エネルギーに体が打たれました。高度な幾何学の知識を持つ者が、聖なるチアリーダーのように動いてくれていたことに、そこでようやく気づきました。

私が、ピタゴラスと、当時のピタゴラス教団について調べ始めると、それはスピリチュアリティ、アート、高等数学や科学を教えている非常に高度な団体で、ほとんどの会員が菜食主義者だったことがわかりました。彼らは、女性を男性と同等に扱い、一緒に学問を教えた最初の団体でした。そこでは明らかに、より高度な目的が展開していました。

ラムサ、再び

ラムサと最初に出会った後、私は一点の疑いもなく、彼が存在すると確信しました。彼の教えは申し分のないものでした。

私たちは、こういった先駆者たちをもう少し寛大な目で見て、人間らしい振る舞いをゆるし、教訓から学ぶのを見守ることでサポートすべきだと強く信じています。私は生徒に、自分は完全無欠な人間ではなく、学ぶべき教訓があることを話してから、クラスを始めています。私はある集団に合流したり追随することはなかったので、辛い経験を通して物事を学んできました。

私は、ラムサの人を力づけるメッセージが好きだったのですが、二度目の邂逅は、私の予想を超えたものでした。私たちが、小さなグループで集まり、プールエリアで一列に並んだ椅子に座っていると、ラムサがいつものように現れ、部屋の反対側から、私たちのグループに話しかけてきました。私は少し変性意識の状態で質問を聞いていたのですが、そのエネルギーは非常に高いものでした。そこでいろいろな質問が出て、私はスピリットからラムサと同じ回答を得ました。それは意識の流れと接触するようなもので、私はそれを楽しんでおり、うまくやっていた自分に酔っていました。

するとラムサは、部屋の反対側から、私を指差していいました。

「マスターよ、あなたはどう思いますか？」

その時、体を突き抜けるようなエネルギーが私に向けられたので、私は不意を突かれました。突然のエネルギーの流入や外界の会話とかかわる準備ができていなかったので、私は質問もなく体験するためだけに参加しており、単純にそのチャネリングの間に存在する意識とエネルギーを楽しみたかったのです。

私は意識を自制し、「鏡を見るために来ました」といいました。

ラムサは簡単に私を解放してくれず、**「鏡に何が見えますか？」**と、次の質問をしました。

「非常に賢く、パワフルで愛にあふれた存在が見えます」と私が答えると、

ラムサは、**「マスター、あなたが見ているのは、あなた自身です。あなたの中に存在しなければ、それを見ることはできません。自分でそれを認める時期にきています」**といいました。

その瞬間から、私は言行一致を心がけ、さらにより深い方法で教えを実践する時期なのだと理解しました。

出ていくときに、録画テープが何本か置かれたテーブルが目えました。私は〝インナー・アース（内なる地球）〟というタイトルの1本を、買わずにはいられませんでした。家に帰って観てみると、驚いたことに、チベット・ファウンデーションで目撃したことのすべてがそこにありました。それは本当の確信を与えてくれました。

その後、インナー・アースからの同じく小さな存在と出会いました。彼のメッセージも同じでした――表面に留まっている者たちよ、今すぐ心を入れ替えるときだ、というものです。

ジューンとの関係

以前、私は対人関係を極める必要があると天使からのメッセージにもかかわらず、しばらく女性との関係を絶つと誓っていました。一人でいることに、非常に満足していたのです。そのほうが面倒でなく、ECETIや自分の精神的な成長に全力を傾ける自由があるからです。

ポートランドで、あるクラスを教えていると、ジューンが入ってきました。彼女は――金髪で美しく、車の運転手の視線を釘付けにして交通渋滞を引き起こすようなボディを持つ――すべての男性が夢見るような女性でした。さらに、高いレベルのスピリチュアリティを教えており、セラピストでもありました。肉体を超越した一目惚れ――それはまるで夢のようでした。

私は一つ、大きな懸念がありました――彼女はとても外見を気にする人でした。彼女は白いジャガーに乗り、多くのゴールドを持ち、彼女の服とメイクのコストだけでも、喉から手が出るほど欲しいトラクターが1台買えるほどでした。

彼女には十代の子供が二人いたので、これは究極のチャレンジでした。十代の子供が二人いたとき、昔の男なら彼らに50ドルを与え、「お前たちの母親と二人で過ごすから、どっかにいていろ」といったでしょうが、これでは、最初からこじれてしまいます。こうなると神でさえ解決できません。もちろん、私はチャレンジするつもりでした。私ができることは彼らのお手本になり、彼らに求められたときには、そばにいてあげることでした。しかし、私が彼らに牧場で手伝いをさせようとするのは困難を極め、私が何かを主張すれば、彼らからは「お前は父親じゃない」などと返ってくるのでした。

私は、彼らが牧場に出ることで、別の現実を受け入れてくれることを願っていました。なぜなら、彼らは都会の生活で、多くのトラブルを起こしていたからです。ジューンと私は、何かしら大きな行動を起こす前に多くの時間を過ごしましたが、二人の間にあるエネルギーやつながりは非常に張り詰めていて、ナイフで切れるくらいだと、周りの人たちはいっていたほどです。彼女に惹かれる気持ちは否定しがたく、止められませんでした。私は、もしかしたら、孤独な生活を放棄する時期が来たのかもしれない、彼女は、私の人生とＥＣＥＴＩにとって、必ず貴重な存在になると判断したのです。

彼女との最初の1年は、信じがたいほど素晴らしい時間でした。若いカップルの恋愛にありがちな問題もいくつかありましたが、二人の間に愛が生まれると、同時に、恐れや未解決の問題も出てきました。愛と情熱は、諸刃の剣にもなります。あるカップルが深い愛を育めば、深い傷が表面化する可能性もあります。愛する人が、般若のように忌まわしくなるのです。最終的には愛しさより、疎ましさが増えてきます。

何をやっても私はダメなようで、彼女の目には、私には良いところがありませんでした。ある日、彼女に、「君が俺のことで好きなところ、一つでも褒められるところはあるかい？」と聞きました。

長い沈黙の後、彼女は「あるわ」といいました。

私が「どんなところ？」と尋ねると、彼女はまた長い間をおき、別の話を始めました。しかし、このことで彼女への私の愛が変わることもなく、認めて欲しいとか、受け入れて欲しいなども思いませんでした。私は、ただお互いを尊重し、補完しあう結びつきを再構築しようと努力していたのです。

私は人間関係における最後の切り札を持っていました。つまり、ある人が、ある人から愛されて、受け入れて、認めてもらうことに依存している場合、人の気持ちは移ろいやすいため、彼らは終わりのないジェットコースターに乗っているようなものだということです。彼らの愛、受容、承認の評価は変動します。女性のほうが問題が浮上している最中の場合はとりわけです。彼女にとって、男性であるあなたは父親であり、彼女に嘘をつき、虐待し、裏切ったすべての男性になるのです。逆に男性の場合、相手の女性は母親であり、嘘をつき、虐待し、裏切ったすべての女性になるわけです。

人間関係が現在大変なのは、すべての世界が癒しのプロセスを経験しているからです。マスターティーチャーが私に教えたことですが、誰かがあなたに対して何かしらの影響力を持っている唯一の理由は、あなたが彼らから何かを欲しているからです。それが愛であれ、受容、承認、それらすべてであれ、それらは自分自身の中に存在します。ひいては、太陽が、温かく、愛にあふれる光を、分け隔てなく、常に送り続けるように、あなたは執着を持つことなく無条件に愛することができるのです。それを、フローと呼びます。

この関係は、私にフローの真髄を教えてくれました。それはまるで宇宙が「フローに対する、あなたの不動の姿勢を試します」、全力で私に挑んできたような感じでした。

「殺されない程度の困難は人を癒す」という言い方もあります。私は、その後の彼女との関係において、ぎりぎりのところを歩いていたと思います。ザ・ダルズの家を仕上げるために、私はそこで長い時間過ごしていたのですが、それは彼女のすべての問題を浮き上がらせました。

非常に裕福な投資家が、彼女を追いかけて、ＥＣＥＴＩに電話をかけてきました。まるで、自身を癒すために彼女が必要だといわんばかりの振る舞いでした。そこには間違いなく、隠れた動機がありました。私はそれを最初から感じていましたし、それを彼女に指摘しました。それは、繰り返し起こるパターンの一つでした。なぜなら彼女はある部分で不安を感じており、贅沢三昧な生活にあこがれていました。このように裕福な起業家が彼女宛に家に電話をかけ続けたり、贈り物を送り続けてきたのは、これが初めてではありませんでした。

彼女は、それらの男性は単なる友達だと断言したのですが、私の心の中の小さな声は「そうじゃないよな」と否定していました。彼女の裕福な男友達は二人とも、私と彼女の関係に対してあからさまに怒りや嫉妬を見せていたので、その真相は明らかでした。彼らに対してどっちつかずの状況でありながら、彼女は私がザ・ダルズで浮気をしていたと責めてきました。私が両性愛者であり、家を改築するためザ・ダルズ滞在中に他の男性たちとドンちゃん騒ぎをしていると非難しました。

ジューンの過去の結婚生活はすべて、次から次へとでてくる裏切り行為によって、とても悲劇的な形で終わっていました。彼女の兄は同性愛者で、彼女はそれを完全に受け入れていないようでしたし、彼女が傷ついているのは、前の結婚からの恐れや心の傷が原因のようでした。過去の関係では、いろいろドラマチックで奇妙な出来事が起こっていましたが、ここでは細かく言及しません。

その間、それらすべてを私に投影していました。私は彼女を座らせて、彼女を愛していると、ましてや浮気や男性と関係を持つことなど、そんなことをするはずはないと伝えました。そして、「同性愛は僕の性分とはまったく反対のもので、そういう欲望や興味さえ持っていない。僕は君に対して誠実で、一途なのだ。もう一度、僕を信用してくれ」といいました。

「これは改築中の家の鍵だから、これまで通り、君が来るのはいつだって歓迎だよ。探偵を雇いたければ、そうしてもいい。僕は何も隠すことはない。探偵から得られるものは、勤勉で、作業で汚れた一人の建設労働者の写真だけだよ」

自分の問題を投影することも、他人を責めることもできず、したがって自分の恐れを認めることになる場合、人はしばしば、自分の内面を見つめて問題を癒すのではなく、それらの問題に関連したり、問題を体現したりする人を引き寄せるものです。痛みがあまりにも大きすぎて直面できないので、その痛みを伴わない方法で、その状況を再現しようとします。

彼女は、私が浮気をしていると責めていましたが、数週間後、彼女がまさにその〝浮気〟をしていました。あの非常に裕福な投資家は、彼女に、私が同性愛者であると同時に、私が開催する〝セルフマスタリークラス（自己を極めていく教室）〟の女性参加者全員と浮気をしていると吹聴し、彼女の恐れを刺激していました。クラスに参加している女性のほとんどは既婚者で、彼女たちの夫も一緒に参加していましたし、彼女も私の招きでクラスに数回参加したこともあるのです。これは自分自身がやっていることなのに、他人を責める典型的な例です。

派手なライフスタイルや、裕福な投資家から受ける金銭的援助への欲望、そして彼女のすべての恐れを刺激することも、ついに終わりがやってきました。ある朝、仕事に出かけた私は、仕事に必要な消耗品を買うため街に戻りました。いつも聖霊《スピリット》は私を正しい場所に正しいタイミングで導くのですが、今回は地元のレストランで、ジューンが、その投資家の男と朝食をとっているところに出くわしました。二人の間には太い灰色のエネルギーの紐があり、生存、性、パワーを象徴する最初の三つのチャクラにつながっていました。彼の戦術がうまく機能したことは明らかでした。なぜなら、二人の関係はすでに始まっていて、私の居場所はもうありませんでした。彼女との関係を続けることは、偽りの生活をすることになっていたでしょう。

その夜、私は家に帰ると、自分が目にしたことを彼女に伝えました。彼女は否定しましたが、私は他の人たちからも、彼女が浮気しているといわれました。私と彼女の共通の友達に彼女は秘密を打ち明けていました。彼らはこの情報を伝えるべきか悩みましたが、私が知るべきだと思い、話してくれました。その情報を教えてくれた彼らに感謝し、私が彼女の浮気に気づいていることを伝えました。そして私は彼女の浮気を知っていること、今後、彼女と私が一緒に寝ることはないと、彼女にいいました。彼女は選択をしなくてはなりませんでした。

翌日、私は家に帰り、ベッド一面に花を敷き詰め、君を愛している、すでに君をゆるしている、そして私は、愛の流れを止めることはできない、私は心をオープンにし続けなくてはならないのだと、彼女に伝えました。これは、ある14歳の少女が教えてくれた方法です。その少女は非常に純粋で、さまざまなビジョンを受け取っており（イシスは彼女の夢の中に現れていました）、私は彼女の母親に、娘が自分に起こっていることを理解できるよう手助けして欲しいと依頼されました。私が、少女に純粋なチャネリングを確保し、いくつかの安全策を講じる方法を教えているとき、イシスが現れ、私に、**「どんなに愛する痛みが苦しくても、愛し続けなさい。愛だけがあなたを解放してくれるのです」**といいました。

その言葉を私は思い出しました。ジューンとの間で起こっていることに関係なく、私は心をオープンにし続けなくてはならないのです。私には、もう一つ秘策がありました。それは私が、成長を促す女性エネルギーであるマリアと、常にコンタクトをとっていたことです。聖母マリアは、私がこれまで地球で体験してきたものを、はるかに越える愛を送ってきました。

最後にジューンと口論し、彼女との関係は終わりを迎えました。もちろん、彼女の選択を正当化するため、私が悪者にされました。つまり、私は再び、すべてにおいて責められたのですが、現実では、どれも根拠のないものでした。

彼女との関係で、これ以上、私にできることはないこと、ECETIのことを最優先にしなくてはならないことはわかっていました。彼女は私にECETIを出て行くよう要求したのですが、私は彼女にこういいました。私がECETIを建てたのは、光をつなぎ止めるため、覚醒と癒しのプロセスを手助けする目的のためであって、不倫を行う者、物欲的な人間、〝私を見て、私を理解して〟と注目を求める輩のためではないと。

その後まもなく、彼女は嫌々ながらＥＣＥＴＩを出て行きました。私は悲しく感じましたが、同時に解放された気分でした。ＥＣＥＴＩにあるエネルギーは非常に散在していたので、彼女との関係でこれまでに起こったことが、エネルギーに恒久的なダメージを与えてしまったかどうかマスターの一人に尋ねると、**「修復、浄化できないものは何もない」**と答えてくれました。

羽の生えた友達

ジューンとの別れは悲しかったのですが、精神的に打ちのめされていたわけではありませんでした。彼女と付き合っている間、誠実に、恥ずかしくない行動をしていましたが、自分を疑っていた、もう一人の自分がいました。

私は一度、冷静さを失いましたが、すぐに取り戻しました。それでも私は、これは過去世で女性を苦しめる熱狂的性差別主義者の女たらしだったための私の業（カルマ）だろうか、だからこのパターンが繰り返されているのだろうかと、繰り返し起こるパターンに関して、自己分析しなくてはなりませんでした。私には裏切られるパターンがあり、そこに犠牲者はいませんでした。私を裏切る運命の女性を、自分に惹きつけていたのです。私はこうした女性たちを、たくさん癒してきましたが、どうやら何かしらを見逃していたようです。

私は深い瞑想に入り、「私に教訓を示して下さい」とお願いしました。そこで見えたのは、過去世で王様だった自分と、その女王であるジューンでした。しかし、彼女が私といる理由は、権力と地位、富であり、愛しているからではないと、いつも感じていました。現世での投資家の男は、お金で手に入る富と権力を象徴していましたが、愛、慈悲の気持ち、下心のない奉仕の人生から得られる、心のパワーは持っていませんでした。私は、彼女の本当の気持ち、優先順位と価値を理解する、2回目のチャンスを与えられたと理解しました。その過去世で死んだとき、私は最後に、「彼女は本当に私を愛していたのか」と考えました。そこで、すべてが理解できました。

翌朝、フッドリバーの近くで、私が修理を請け負っていた家に行き、羽目板を立て、片手にハンマーを持ってバンバンと打ちつけていました。そこでも私はまだ自己分析をしている途中で、過去世で見たものは正しかったのか、それとも思い違いをしたのか疑っていました。たぶん、私は本当に嫌な奴だったのかも知れない。ふと手を止めて振り返ると、一羽の鳥が飛び上がり、私の肩に止まりました。その鳥はそこに止まったまま、チュンチュンとさえずっていました。

その時、ある感覚がやってきました。私は心の中で、「鳥が私の肩に止まるのだから、私はそんなに悪い人間じゃないはずだ」と思いました。それはキビタイシメという普段は非常に警戒心が強い鳥だったのです。

修理をしていた家の持ち主が外に出てきて、その鳥が私の肩に止まっているのを見て、「その鳥は怪我しているの？」と聞きました。

私は彼女に、「いや、飛び上がったと思ったら、私の肩に降りてきたんだよ」といいました。その鳥は何も怖がらずに、さえずっていました。私がその鳥を自分の指に乗せると、彼女は、「窓かどこかにぶつかったの？」と尋ねてくるので、

「いや、この子は怪我などしていないよ」と答えました。

「待ってて、カメラを取ってくる。でもその間に、飛んでいっちゃうかもしれないね」と、彼女がいいました。

私は、「そんなことはないよ。この鳥は何かメッセージを伝えにきたのか、ここにいる理由があるみたいだからね」といいました。

彼女は家の中に行き、カメラを持って外に戻ってくると、何枚か写真を撮ってくれました。私は今でも当時の思い出として、その写真を持っています。

私は深刻な課題に直面したとき、または光をもたらしたことで、ひどい中傷を受けたときは

いつでも、この鳥のこと思い出し、自分が本当に悪い人間なら、あの鳥は私の肩にとまるはずはないと考えるようにしています。その出来事が偶然ではないということを示すために、その時以外にも同じことが起こりました。

自分のセンターに専念する

私は再び、ＥＣＥＴＩに自分のすべてのエネルギーを注ぐことに決めました。以前、基本的な対人関係について学ぶことが私の目的だといわれたにもかかわらず、私はもう一度、作業に没頭する準備ができていました。

あるヨギは私に、人間関係の道は習得するのが最も難しいといいました。彼は正しかったのです。私はこれまで、動物、子供そしてマスターたちとは仲良く付き合ってきましたが、先入観、観念、欲望、欠乏、傷、そしてトラウマを持つ大人は、付き合うのが最も難しい相手でした。子供と動物たちのためのリトリートセンターを建てることはできないのだろうか？その場合の問題は、子供たちについてくる親と呼ばれる存在で、子供たちに接するには何事もまず親の承諾を得なくてはなりません。仮に大人の信念体系から外れたことをすれば、母性本能が働き始めるので、身を守ったほうがいいでしょう。

それでは、私たちが現状と矛盾する教えを持ち込むには、どうしたら良いでしょうか？ 原理主義者たちが私たちを嫌うのは、礼拝する場所を自分の内側に戻し、大衆をコントロールし続けるために使ってきた恐れ、罪、そして無価値の感覚という道具を奪ってしまうからです。

現状に幻滅しているクリスチャンが私たちを嫌うのは、人を奴隷のように扱うカトリックと共通点があるからで、たとえ私たちは個人として源《ソース》とつながる力を与えられているにしても、かかわり合いを一切持ちたくないのです。子供の頃に教えられた間違ったイメージのせいで、イエスの名前を聞くと怖くなるのです。

物欲の強い人たちは、次に手に入れるおもちゃや、うわべだけを気にします。伐採者たちが私たちとかかわりを持ちたくないのは、私たちが自然を保護するからです。環境保護主義者たちが私たちを仲間と思えないのは、私たちがデモに参加せず、自分たちの体を木に縛り付けたりしないからです。

人里を離れていると、関心をもっているのも難しいものでした。日に何度も「これに何の意味があるのだ？」と自問しました。しかし私は心の底で、より高い目的が示され、その振動数を維持しなくてはいけないことはわかっていました。そこは最高の波動のある特別な場所で、その土地を保護しなくてはなりません。敏感な人たちは、この土地に足を踏み入れた途端に、そのエネルギーを感じました。

ＥＣＥＴＩでは、常に癒しや目覚めが起こっていたのですが、どういう訳か広がりを欠き、収入は横ばいでした。私は聖霊《スピリット》と自分自身に、「未来を共に創るリーダーたちは、どこにいるんだ」と問い続けていました。

馬のシャドーと死に関する教訓

ある日、ドンという親しい友達がうちの私道にやって来て、馬をもう1頭欲しくないかと聞きました。すでにキマという高齢のアラビア馬を1頭飼っていて、いつも他の人の馬と一緒に放牧して過ごさせていたのですが、ときどきキマは私と同じくらい孤独なようでした。ドンは、食肉加工場に送られる予定のあるとても大きな黒馬を見せてくれました。シャドーというその馬には、ワークホースとクォーターホースの血が流れており、まだ寿命が残っているようだったので、シャドーがフレンチバーガーにならないように、買うことに決めました。私は乗馬で本当に楽しい時間を過ごし、私たちはとても仲良くなりました。シャドーは非常に足元が安定した私好みの馬で、体格も戦車のようにがっしりしていて、戦車に乗っているようでした。

ある日、私は牧場で大きな黒い種馬を放牧させて欲しいと頼まれました。シャドーとキマは良い友達で、シャドーは過保護な母親のようでした。その種馬はずっとキマに近づこうとしていたのですが、シャドーが2頭の間に割り込みました。

ある日、その種馬は後ろ脚で立って前脚を空に向け、シャドーと対決しようとしました。彼はシャドーに向かって全速力で走っていきました。彼が後ろ脚で立ったところに、シャドーは彼に対して一突きしたのです。次の瞬間、私が見たのは種馬が仰向けに倒れた姿でした。結果は、シャドー1点、種馬0点。それが最後の対決となり、その後、2頭は仲良くなりました。

ある日、シャドーは、とても具合が悪くなりました。獣医には腸ねん転だと診断され、目は生気を失い、倒れて立ち上がることもできなくなって、呼吸は浅く、苦しそうでした。獣医と、ネイティブ・アメリカンの私の友達に、どうすることもできない状態だから、明日の朝ショベルカーに来てもらう手配をしたほうが良いといわれました。つまり、翌朝まで命は持たないという予想だったのです。

私は一晩中、彼女の側にいました。私たちは彼女にカモミールティーとニンニクを食べさせ、私は彼女の側に横たわり、祈りました。翌朝になると、シャドーは起き上がり、立っていました。目には生気が戻り、水を飲み、エサを食べているではありませんか。獣医とネイティブ・アメリカンの友達が確認のため戻ってくると、彼らは自分の目を疑いました。シャドーはとても元気そうで、1カ月以上も病気の兆候を見せることはありませんでした。

ある日の夕方、ちょうど日暮れ前、私はシャドーが、西に沈む太陽の方向を見て、頭を上げ下げしている様子を目にしました。それはまるで何かの儀式のようで、彼女は頭を下げると、うなずき続けていました。私は様子をみるため、彼女の元へ行かなくてはいけないとわかっていました。彼女はまるで私がいないかのように、お辞儀をしてうなずく動作を続けていました。それから私のところに歩いてくると、一度低くお辞儀をして頭を上げました。私は本能的に、さようならといっていました。彼女の魂が肉体を超えて上昇すると、彼女はばったりと倒れ、死んだのです。彼女の側に座りこんで、私は泣きました。

しばらくして、私は天に向かって「1頭の馬で構いません。私は多くは望みません、たった1頭の馬でいいのです。これまで私がしてきたあらゆる奉仕の代わりに、1頭の馬を癒して下さい」といいました。それが私自身のためにお願いしたことでした。私はまた座り込んで、それからもう少し涙に暮れました。

すると、私にメッセージが降りてきました。それで、私がシャドーの魂の進化を干渉していることがはっきりと見えたのです。今回の死は、彼女の寿命でした。私がと殺場に行くはずだったシャドーを助けた時も、彼女の寿命のはずでした。彼女が年を取っているのはわかっていましたし、ほとんど走れないので、他の馬たちについていけなかったことも知っていました。

彼女の肉体は老い、ボロボロになっていて、彼女の魂の目的に合わせることはできなかったので、新しい体が必要なときだったのです。

ちょうどその時、ネイティブ・アメリカンの友達が、私のところに来て、肩に手を置き、「天国にも馬はいるのですか」と尋ねました。

自分の経験から、人間が死ぬとどこに行くのか知っているのに、未熟なことですが、自分の馬が死んだときのほうが精神的なショックが大きかったのです。私は天国にも馬がいる確信はなかったのですが、その時は、好意的に解釈する時期だと思いました。

「はい」と答え、「天国にも馬はいます」といいました。

その翌年、もう1頭の馬、キマがクーガーに殺されてしまいました。彼女も老齢で、その時が寿命でした。

キマはクーガーに反撃し、すぐには死にませんでした。私は彼女の傷口を手当てし、シャドーのときと同じように、一晩一緒に過ごしました。私はマスターに、彼女を治すか、天国に連れていくよう祈り、その間、彼女の周りでセージを焚きました。夜も遅くなり、私は眠りに落ちていきました。すると夢の中で彼女がやってきて、私に高地に連れて行くようお願いしてきました。私が彼女を連れて行くと、キマは鹿に姿を変えて森の中に走って行きました。

目が覚めると、私は彼女がもう死んでいるとわかっていました。魂の抜けたキマの肉体を見て、私は彼女が安らかに眠り、魂の進化で一つ高いレベルに昇ったことを確信しました。

タホ行き、そしてもう一つの交際

アリスという女性が、私の友達のキャロルを訪ねてきました。キャロルは面白い人で、私たちは多くの共通点がありました。彼女は自宅で何度か、〝直観と内感能力トレーニングのクラス〟を開催してくれました。彼女は私が側にいて安心できる数少ない人の一人であり、お互いにありのままを出せる存在でした。

アリスは、私たちがよく使っていた、いくつかのヒーリングのテクニック——特に意識の大きな進歩を結果的に生み出すテクニックの一つを受講しました。彼女も、私たちが一緒にワークをする、マスターたちのエネルギーを感じることができました。彼女の言葉を借りれば、巨大なスピリチュアルの旅路において、彼女はようやく〝貴重なものを見つけた〟そうです。彼女は私に、講演会を開いて悟りの集中クラスで教えて欲しいといって、タホへ招いてくれました。山から下りるのは、久し振りのことでした。私は半隠遁的で簡素な生活を、とても楽しんでいましたので、この招待について瞑想してみると、山を下りる時期だと、明確なメッセージを受け取りました。

私のクラスは、タホで好評を博しました。講演会は満員で、日の出から日暮れまで、カウンセリングをしました。そこで新しい友達もできましたが、そこはECETIでの生活とは別世界でした。そこではカップル間だけではなく、グループ間でも、人間関係にまつわる事件が、多く起こっていました。どのコミュニティーにもある、力関係、恋愛や権力争い、称賛、ゴシップ、すべてがごっちゃになっているのを見るのは、興味深いものでした。

タホにいる間、私にも、劇的な出来事がなかったわけではありません。

私はある女性との出会いをビジョンで見たのですが、彼女とは、過去世において、未解決だったいくつかの問題と、その他の作業に二人で取り組むというものでした。彼女は私の仕事の範囲を知ることはなく、私が彼女と共有できなかったこともありました。それは男性との対人関係を癒すこと、そして彼女がかかわっていた、他のスピリチュアルな活動と、おおいに関係していました。ホワイト・イーグルは、私がやるべき作業をビジョンで見せてくれました。一人ですべてを完遂することはできなかったのですが、その当時できる限りのことはすべてやり、去る時期が来たのだといわれました。

2回目のタホへの訪問は、最初の時と非常に似ていました——講演とカウンセリング、今回違っていたのは、自分のために余暇の時間をとったことです。私はジーンという女性に出会ったのですが、彼女に強烈に惹かれました。過去の体験から学んだこととして、非常に強い魅力があるということは、通常、解消すべき過去世でのカルマがあるのです。

当時、ジーンは既婚者でしたが、別居中だと私は聞かされていました。後で知ったのは、その別居は、いわゆる〝別居状態〟ではありませんでした。彼女が話してくれたのは、最後の5年間の二人の関係は良くなくて、あらゆる意味において離れていました。彼女とは強いつながりを感じ、彼女への気持ちはあったのですが、その気持ちに従うことはせず、しばらく友達のままでいました。そして、私は三角関係を望んでいないし、既婚女性とデートするつもりはないと伝えたのです。彼女は夫との間で、問題をうまく解決するべきであり、私はその婚姻関係が壊れる理由になりたくないのだともいいました。

彼女への気持ちを否定しようとしましたが、惹かれる思いは消えることはありませんでした。どんなに頑張っても、彼女の元から去ることはできなかったのです。彼女の夫が私を問い詰めたこともありましたが、彼の心の痛みを考えると、深い同情の念を感じずにはいられませんでした。その時、私は彼女に対する自分の気持ちを抑えて、彼女に家庭で問題を解決するべきだと伝えたことも彼にいいました。彼女の気持ちを私がコントロールすることはできないとも。誰も他人の感情を支配することはできないし、こちらが他人に異なる感情を持つよう頑張って働きかけても、気持ちの変化は当事者次第なのです。私たちができることは、すべてにおいて、最高で、最善の結果のために、祈ることです。

ジーンの夫の母親は牧師と駆け落ちし、父親にひどく辛い思いをさせており、それが息子であるジーンの夫にも影響を与えていました。私には彼らの関係や、修復する方法もわかっていましたが、彼の心の痛みも、ある程度の責任も感じていたので、解決は容易ではありませんでした。それは私は内側から引き裂きました。彼の心の痛みが、彼女と一緒にいたいという私の願望とともに、私の心を蝕んでいきました。私は自分の気持ちを抑え込み、その場から立ち去りました。

彼女は結婚生活を立て直そうと、もう一度試みたのですが、状況は悪化するばかりでした。私がタホに戻ったとき、彼らはついに別居したのですが、軋轢は残っていました。彼女に対する私の思いは以前と変わらず強いままで、これまでの人生で一人の女性に対して、これほどの愛や欲望を感じたことはありませんでした。彼女との抱擁は、これまで体験した中で一番情熱的で、心のこもった愛の広がりを感じられるものでした。彼女は私に、人間の理解を超えるほど私を愛しているといい、私はそれを実感していました。

後でわかったことですが、私たちは1600年代の過去世で一緒だったということです。結婚を間近に控えたある日、城は攻撃を受けました。城内に残っていたのは私たちを含め数人で、男性陣は戦いの前線に向かいました。甲冑も身につけず、剣と盾とサンダルだけで走って外に出たのです。門衛が門を閉められるように、私たちは敵の侵攻を遅らせなくてはなりませんでしたが、軍勢では敵が圧倒的に勝っており、ついに私は敵の手にかかって死んでしまいました。私の目に最後に映ったのは、彼女が城の上から私を見下ろしている場面でした。私が彼女になぜ強く惹かれているのかわかりました。彼女と結ばれなかった恋が、何百年も持ち越されてきたからです。

現世の状況は遠距離恋愛です。私はＥＣＥＴＩを完成させ運営しなくてはならず、彼女はタホで看護師の仕事があるため、私は彼女とずっと一緒にいられませんでした。私たちは同棲する計画を立てたり、電話や手紙で情熱的なやりとりを続けていました。

私の祖母は昔よく、「会えないと想いが募る」といい、「他人のものに対してね」と付け加えたものでしたが、この場合、彼女の言葉はぴったりでした。

また、ジーンを狙っている医者がいて、彼女に花束をあげて、ごちそうし、遠方の慈善事業に連れて行きました。さらに彼女に、安定した生活と、病院での良い仕事を約束しました。皆さんも、それからどうなるのか、想像がつくでしょう。その間ずっと、彼女は私に情熱的な手紙を書いてきましたが、私は直感していました。

最後に一緒だったとき、空港で彼女を見つめていたのを覚えています。彼女を覆うような黒いエネルギーがあり、その瞬間に、二人の関係は終わったとわかりました。それでも私は二人の関係がうまくいくように頑張りました。彼女と一緒にいたときの情熱的な愛と歓びを、私は覚えていました。なぜそれを何よりも貴重なものとして保てないのだろうかはわかりません。人間の理解を超えた情熱的な愛が、何の説明もなくひどく冷淡なものに変わってしまうことは、私には永遠にわからないことです。私がその痛手を癒すには、かなりの時間を要しました。今日に至っても、答えのない疑問が残っています。

辛い道、愛ある離別

私のスピリチュアルな学びは急速に進んでおり、過去世での体験を浄化し、最も厳しくて困難な教訓の一つを学んでいました。それは、愛のある離別です。かつてイシスは、14歳の少女の純真さと英知を通じて私に、愛し続けなくてはいけないといいました。自分の心を閉じたまま、スピリチュアルの道に留まることはできませんでした。結局、神は愛という感情なのです。他人から愛が得られずとも、私は自分の中に愛が流れるようにする方法を、ときに残酷なやり方であっても見つけなくてはいけません。

目には見えないマスターに対し、かつて私は、「失敗や試練と苦難のある私たちを、どう見ているのですか」と聞いたことがあります。

彼らは、「**愛あふれる無関心で見ている**」といいました。さらに「**私たちは批判を克服した。私たちの愛、喜び、至福は、他人の思考、感情、行動で決定づけられるものではない。私たちは、愛、喜び、至福を求めまず、私たちが愛になる**」とも答えました。

別のマスターはかつて、「**あなたに対して誰かが力を持っているとしたら、その唯一の理由は、あなたが彼らに何かを求めているからだ。愛、喜び、受容、承認、安心であれ、それらすべては自分の内側で見つかる**」と教えてくれました。

私は、これらを理解するための特訓を受けていました。この特訓が私を殺してしまわなければ、私はこれまでよりも強く、そして賢くなるでしょう。私は、ドロドロな人間関係の深い穴に飛び込み、そこから這い上がって、洗い流すことを通して、泥だらけのマスターになりつつありました。社会から離れ、洞窟にこもって禁欲的な生活をしながら、至福の喜びを維持するのは簡単です。それを社会意識の最前線で行うことは、別の話です。それを、情熱的な関係の中で行うことは、何よりも最高のテストになります。世界とその混沌に囲まれているにもかかわらず、自分の中心軸を維持することは、かなり難しいことです。

私はいつも自分の中で、禁欲的な生活を送ろうという思いと、伴侶を見つけたい思いで揺れ動き、葛藤していました。私は、古代インドの神や、あらゆる文化における古い族長たちが、結婚していることが書かれたものを読んできました。シバ神でさえ結婚していましたし、あのヨシュア・ベン・ジョセフ（イエスと呼ばれた人物）も嫁をもらい、子供を持ち、インドで人生を送ったことは、多くの学者によってよく知られた話です。

私は、女性に情熱的に抱きしめられ、温かい乳房が自分の胸に押し当てられる、そしてエネルギーとスピリチュアルで一つになり、愛と至福がらせん状になって天国に上昇していく、これのどこが間違っているのかわかりません。万物の内に存在する創造主、つまり神以外のものとして、伴侶との肉体的な抱擁を否定することはできませんでした。

私はそれでも、対人関係と聖霊《スピリット》の間のバランスを見つけようとしていました。これは古くからの綱引きです。ほとんどのマスターたちは、荒野の中で偉大な目覚めを得ました。自然はあなたを批判しません。なぜなら、それは神、そしてあなたの神聖性を映す最高の鏡だからです。世界中のマスターティーチャーたちは、都市に出入りしながら、ほとんどの時間を自然の中で過ごしていました。都会の混沌と混乱、そして社会意識の中には、ほとんど鏡がないため、彼らは再充電を行い、思い出すため、自然の中に出て行ったのです。

自然体でいる方法を知る人はほとんどいません。彼らは常に検索モードで、万能のお金、愛、セックス、受容や承認を、自分の外に求めています。多くの人が、自尊心は、外見や権力の座を通して確立されると信じています。中には、彼らの安心・安定も、それらに依存すると考える人がいます。さらに彼らは、喜びは他人から与えられ、物質から得られると信じているのです。しかし、誰もあなたに何かを感じさせることはできません。なぜなら、一瞬一瞬、あなたが何を感じたいのかは、自身の選択だからです。

物質は感情を持っていません。感情とは、私たちの内側で生成され、感じられるものです。新車や外見から幸せや自尊心が得られると信じている人たちは、間違ってこれらの態度や感情を、物質に結び付けていました。大きな罠の一つは、自分の愛、喜び、受容や承認を、他人に依存することです。これらは、社会意識のゲームであり、人を虜にしてしまいます。

14人の原理主義の聖職者

ある朝早く、私は地元の聖職者からの電話で目を覚ましました。彼によると、聖職者のグループが、私のところに来て、話をしたいとのことでした。街では、私たちが悪魔崇拝者であり、生贄として動物をささげ、薬物による交霊会を開いているという噂が、たくさん流れていました。実際には、私たちが悪魔のことを考えることなどまったくなく、悪魔が住む場所など意識の中にありませんでした。私たちは〝薬物ゼロ〟のポリシーを掲げており、ほとんどのメンバーは、もともと菜食主義者です。ECETIの池にいる魚でさえペットなので、桟橋でとる朝食の間に、挨拶し、パンを餌として与えているほどです。

今回の申し出を、私たちの素性を説明して誤解を解き、団結する機会だと捉えて、聖職者たちを招待しました。その時、タミーという女性と数人の客が、階下でコーヒーやお茶を飲んでいました。私が聖職者たちが来ることを伝えると、客人の目に、恐れや不安が浮かびました。私は、聖職者もまさに人間で、人間なんて一皮むけば、皆同じです、心配ないといいましたが、アドバイスにもかかわらず、客人は荷物をまとめ、タミーは急に、行くところがあるといって出て行きました。

全員が帰った直後、私の植えたポンデローサ松が並ぶ、曲がりくねった私道に、車が列をなして入ってきました。私とその松は何らかの形でつながっているらしく、松が監視の役割をして、誰かが私道に来ると、私にはすぐわかるのです。深呼吸をして、「私を見守り、すべてにおいて最高で最善の形になる、最適な言葉を与えて下さい」と、私は聖霊《スピリット》に祈りを捧げ、聖職者たちを出迎えにいきました。

運の良いことに、先ほどの客人たちは、丁度よい量のコーヒーと紅茶を残していましたので、この会合の本題を話し合うために、新しい客人を招き入れました。

聖職者の一人が、「あなたの主張、つまり何を信じているかを理解したいと思っています」

と始めました。

私は彼らに、「私たちは皆さんと同じようなことを信じています。私たちは、万物に対する畏敬の念を抱き、世界の平和、人類愛、個人の自由、そしてすべての人の繁栄を信じています」と話しました。

彼らの一人が単刀直入に訪ねてきました。「あなたは、人格神、救世主としてイエス・キリストを受け入れますか？」

私は、「イエスと私の関係は、私とイエスの間のものであり、世界に向けて自慢するようなものではありません。あなたが本当にイエスを知っているのなら、あなたは私を知っているでしょう、そしてその質問の答えは、すでに出ているはずです」と答えました。

内観をせず、彼は続けました。「なぜあなたはイエス・キリストを、人格神、救世主として受け入れることができないのですか？」

それに対し私は、「**〝もはや、わたしはあなたがたを僕《しもべ》とは呼ばない。僕《しもべ》は主人が何をしているか知らないからである。わたしはあなたがたを友と呼ぶ〟**（ヨハネによる福音書15章15節）とイエスがいった一節があります」といいました。イエスは私にとって、兄弟であり、友です。私の選択や行動の責任を彼に負わせることを信じていませんし、あらゆることに対して、神を責めたり、称賛することはしません。私たちの、明日を作る態度、感情、行動に対して、私たちは責任を持つ時期にきていると思います。

別の聖職者が、イエスは肉体を持った神だと信じているかと、尋ねました。

私は、「はい、すべての物と人間は神です。神とは、多元宇宙における全界層と、全次元の全意識を包含する一つの意識です。創造主は万物の中に遍在しています」と答えました。

最初の質問を始めた聖職者が、私がイエスを神として受け入れることができないのかと聞いてきました。

私は、「受け入れています。ただ、私は、イエスも神も、あなたも私も、遍在するものから切り離していないだけです」と答えました。

今度は、私から彼に、「イエスが神なら、地球上にいる間、彼は誰に対して絶えず祈っていたのですか？」と尋ねると、沈黙が流れました。

私は続けました。「創世記の中で、神聖な神の子たちとは、誰のことですか、なぜ神の名であるエロヒムは複数形なのでしょう？」

再び沈黙が流れました。

別の聖職者は、「あなた方は、チャネリングをしていると聞いています」といいました。

それに対して、「天使が人間に降りてきて、人間を通して話す日が訪れるだろうと書かれていませんか。私たちは、預言を実現しているのです」と私は返しました。

さらに、ニューエイジ思想の人たちが自分を神だと思っていることをどう感じているのかと、彼の別の質問がありました。

私は、「神の子供たちが成長したら、どうなると思いますか？」と尋ね返しました。これは、〝梨の種が梨の木を作り、ナッツはナッツの木を作る。では、神は何を生み出すか〟という、キリスト教神学者のマイスター・エックハルトの言葉を、私が言い換えたものです。そして、〝神は自分のかたちに男と女を創造された〟〝あなた方は神だ、あなた方は皆いと高き者の子だ〟〝すべての男と女を照らす光は神の光であり、神の宮はあなたのうちに宿る〟など、聖書の一節をいくつか引用しました。

別の聖職者は、「生まれ変わりを信じますか」と、新たな質問をしました。

私は、「いいえ、私は輪廻転生を信じてはいません。輪廻転生の存在は知っていますし、自分の過去世の多くも知っています。さらに来世があることも認識しています。そこは、永遠の魂が肉体的表現から離れ、向かう場所であり、私は魂の源《ソース》自身の前に立ったことがあります。これは、書籍で受け継がれた知識ではなく——直接の体験です。輪廻転生は、第二コンスタンティノポリス公会議（553年）によって聖書から排斥されました。教会は、人々が進化する機会を無限に持っていると考えては欲しくなかったからです。彼らは、人々に一度の人生で、正しく生きて欲しかったのです。これは聖書の歴史研究者の間で、よく知られた事実です。

輪廻転生とは、イエスが一員だったエッセネ派の信念の一部です。聖書には、教会の評議委員会が見逃していた一節がいくつかありました。一つは〝**天から降って来た者、すなわち人の子のほかには、天に上った者はだれもいない**〟（ヨハネによる福音書3章13節）であり、もう一つは〝**（ヨハネは）現れるはずのエリヤである**〟（マタイによる福音書11章14節）というイエスの発言です。エリヤは歴史上、ヨハネの前に登場し、洗礼者ヨハネとして戻ってきたのです。これをどうやったら輪廻転生という以外に、解釈できるのかわかりません。

その聖職者は立ち上がっていいました。「あなたは、私たちのイエスへの信仰を放棄させることはできません。〝**イエスは道であり、彼を通らなければ、天に入ることはできない**〟と明確に記されています」

私は答えました。「イエスへの信仰を放棄、または変えてくれと頼んだことはありません。私はただ明確な説明と、より偉大な光の中にイエスを見る機会を提供しているだけです。以前、イエスは〝**わたしは道であり、真理であり、命である。わたしを通らなければ、だれも父のもとに行くことができない**〟といい、そして彼は、〝**自分から話しているのではない。わたしの内におられる父が、その業《みわざ》を行っておられるのである**〟（ヨハネによる福音書14章6節・10節）と発言しました。ここで私たちは自問しなくてはなりません。誰が話しているのでしょうか？私が道であると発言したのは、イエスの口を借りた神なのか、それともイエスという人格が話していたのでしょうか？」

「もう一つの質問は、私たちが崇拝するのは、イエスという人格なのか、あるいはイエスを通じて話す神でしょうか？　輪廻転生の言及の削除、または天へ入る唯一の道はイエスであるという信念、さらに、神という言葉が書かれたものは聖書だけだというのは誤りです。他の文化の使いや、その内容の崇拝者を認めない神は、十字軍、宗教裁判など、終わりなき〝聖戦〟をする根拠となってきました」

「神の名の下、救われた人より多くの人が死にました。構造化された真理を作り、自分たちの評判、象徴、および教義を受け入れない者たちを裁き、非難し、そして争いを仕掛けることは、普遍的な平和、人類愛、または真のキリスト教の基盤とはまったく関係ありません。こういう行為は、人間の、権力への欲望と支配欲に、大いに関係しています」

「非常に近い将来、私たちが仕えるのは神なのか、あるいは組織なのか、選択を迫られることになります。その日が来たとき、私たちがどちらを選んでいるのか、興味深く思います。私が愛する神は、生きとし生けるもの、すべてを愛する力の持ち主です。神において分裂はなく、遍在に分離はなく、創造主は万物のうちに遍在し、パウロが述べたように〝**あなたが愛のうちに歩くとき、あなたは神とともに歩いている**〟のです」

それを聞くと、彼らは立ち上がって、時間を割いた私に感謝しました。私のメッセージは非常に興味深いと感じ、文献をいくつか読まなくてはいけないといった方も数人いました。私は彼らに、この件について深く話をするためなら、いつでも歓迎しますと招待しました。

彼らの帰る道の後を、砂埃が舞っていました。

私は、偉大な力が私の側にいて、私を通して話していたことに気づいていました。空に向かい、「神様、ありがとう。イエス様、ありがとう。そして話してくれた他のマスターたち、ありがとう」と感謝の言葉を述べました。

私は、いいようもない至福感で、背中の震えが止まりませんでした。**「息子よ、よくやった」**という声が聞こえると、私の目は喜びの涙で濡れました。私は、何らかの形であの聖職者たちの心を動かせたこと、そして彼らが他の人たちに影響を与えてくれることを願いました。今までのところ、どの聖職者もＥＣＥＴＩに戻ってきたことはありませんが、種は蒔かれたと、心ひそかに思っています。

依存を通して奴隷となる

山の中に住んでいると、依存を通して、どれほど人間が奴隷のようになっているか、実によくわかります。また、独立の上に築かれた私たちの政府にとって、主権と独立がどれほど脅威になっているか、皮肉にも、私には理解できます。

私は大統領諮問委員会が発行したY2Kレポート(2000年問題に関する報告書)を読みましたが、その中で政府が非常に心配しているのは、独立し主権を持っている人たちや、システムの故障に備えている人たちのことでした。独立の上に築かれた政府は、国民のために仕え、独立と主権に向かう動きを歓迎するべきです。実のところ、究極的にいえば、政府は国民の依存状態を当てにしているのです。皆さんが、政府を必要としなければどうなるのでしょう。朝起きて、政府がないほうがうまく生きていけるとわかったら、どうなるのでしょうか。

現在の秩序が破たんする要因はたくさんあります。2000年になるとコンピューターの神経衰弱を引き起こすため稼動しなくなり、不正なデータを吐き出すというのが、Y2Kのバグでした。しかし、これは大きな問題になりませんでした。

株式市場の暴落や経済破たん、ハリケーン、竜巻、スーパーストーム、洪水、食糧不足を引き起こす干ばつや氷結などの自然災害、さらに地震、津波、火山の噴火も、秩序を破たんさせる要因の一つです。

発生する可能性があり、最も見落とされている現象は、CMEつまりコロナ質量放出や、太陽フレアです。太陽嵐が史上最も活発な時期、科学者たちがメガ・サイクルと呼ぶ時期に入りつつあります。太陽はリボルバー式の大砲のようなもので、次々とプラズマの塊を放出するため、直撃は避けられません。そうなると、通信と送電網が両方とも破壊してしまいます。ATM、私たちの衛星のほとんどが、電圧の急激な変化の影響を受けてショートしてしまいます。ATM、ポケットベル、携帯電話、ラジオ局やテレビ局は、すべてダウンするでしょう。

皆さんは、自分がどれほど自立しているか、ライフラインが遮断されたらどうなるか、考えたことがありますか？ガス、水道、電気や通信網が止まったらどうなるか、想像したことがありますか？1日だけ、メイン・ブレーカーを落とし、ガス栓と水道を閉めてみて、どうなるか試してみて下さい。電気・ガス・水道などのインフラに頼らず、数日間過ごしてみて下さい。

私たちの住む山間のリトリートセンターでは、電気・ガス・水道などのインフラなしの生活を体験する機会がおおいにあります。ある冬、主要道路が水害で破壊されました。そのため2週間、ここから出ることも、入ってくることもできませんでした。道路と同時に送電網も破壊されたので、私たちは電力も使えなくなりました。

電気が電柱でショートし、2週間、電気がつきませんでしたが、実際には、ロウソクの灯と静けさが男子修道院を思わせてくれて、楽しい体験になりました。私たちは、薪のストーブで暖を取り、台所の薪で食事を作りました。ただ、給湯器が使えないので、シャワーにも風呂にも入れず、互いの臭いを避けるため、風上の位置を争っていたほどです。そんな状況であっても、大きな池や川があるので、夏なら問題ありません。私たちはプロパンガスを使った給湯器を導入したので、基本的なことはすべてまかなえます。電力が使えなくなっても、提灯とロウソクを灯すか、日暮れには床に就き、夜明けと共に起きる生活をすればよいのです。

1日でもテレビが観られないと我慢できないという人たちもいますが、満天の星空の下での散歩や瞑想しながら、朝日に挨拶する生活に、勝るものはありません。フルート、ギターやドラムサなどの楽器を学ぶことも、楽しいものです。キャンプファイアは、さまざまな方法で夜を明るくしてくれます。最もシンプルなことが、最大の楽しみをもたらし、永遠に続く思い出を作ってくれるのです。

大都市では、人々が慌ただしくどこかに向かい、車は数珠つなぎの状態で動かず、駐車スペースを争っている状況です。それを見るにつけ、私は、もしライフラインが麻痺したらどうなるのだろうかと考えます。そうなったら、人々はどうするのだろうか。スーパーに駆け込んで日用品を買っても、食料を調理したり保存する術はありません。冷蔵庫は動かず、電子レンジだって使えません。電気コンロは役に立ちません。電気がなければ、ガスの圧力を維持できるでしょうか、水をくみ上げたり、汚水を下水に流せるでしょうか。水がなければ、お手洗いで水を流すこともできませんし、洗面所のパイプのPトラップの水が枯れてしまい、下水が家の中に逆流してきたらどうするのでしょうか。下水やメタンガスが屋内に逆流し、住人は家から出て行かなくてはなりません。遅かれ早かれ、誰かがマッチを擦ってしまうでしょう（爆発します）。ガソリンスタンドが、ガソリンを出せなくなったらどうなるでしょうか。高速道路では、ガス欠を起こす車、信号が止まって一般道に降りられなくなる車が続出し、大渋滞になります。

私は、この文明が都市を配置した方法と理由について、考えることがよくあります。自然と比べると、都市の生活が、なんと脆弱なことか。都市というのは、すべてが依存――巨大な石油会社と電力会社に依存しているのです。特に、１９４０年代には電力や交通ニーズに対応するフリーエネルギーが与えられていたことを考えると、ライフラインが機能しなくなったときには、責任を負うべきなのは誰なのでしょう。

私は夢の中で、主権を持ち、自給自足の生活をし、自然と戦うのではなく、調和しながら、スピリチュアルな生活を送る実施例を教えようとしている場面を見ました。この夢は、私が想像していた以上に抵抗に遭うことになります。運命の背後で、お金が力を持ち、利益と強欲が支配している限り、特に、人々の生存や安全、信頼の感覚が、社会意識の変化に依存している場合、私が多数派からの支持を得られないことはわかっていました。

ラマ・ギャトラル・リンポチェ

チベットに強く呼ばれている感じがしていました。私は、過去世で何度もチベットに生まれ、僧院で生活していたことはわかっていました。私には、チベットからくる力強い存在感と英知があり、いつも内側から触れられると感じていました。そして、自分がチベットの遺産に再び魂でつながるタイミングがきたと感じたのです。不思議な話ですが、私がインドかチベットに旅立たなくてはいけないと感じると時はいつでも、ヨギやラマが、物理的に、あるいは瞑想中に、私のところに現れてくれるようでした。

ラマ・ギャトラル・リンポチェは、二つ目の形、つまり瞑想中に現れたのですが、最初はそれが誰なのか私はわかりませんでした。「直観と内感能力トレーニングのクラス」の生徒の一人が私のところに来て、彼女が教えを受けているラマがいるので、彼に会って欲しいというのです。彼女がその話をしてきてすぐ、私は彼と会うことになると確信していました。

この件について瞑想していると、私の歯は上下にガチガチと動き始め、オレンジ色のローブを着た男性が透視しているように目の前に現れました。非常に奇妙なことだったのですが、それでも私はあれこれ考え、状況を推測することはしませんでした。

私がポートランドにいるラマ・リンポチェに会いに行くと、彼はチベットの伝統的信仰について人々に教えていました。彼は私を見ると、自分の歯を指さしました。失礼ながら、それは少々出っ歯でしたが、彼が私の思考を読んでいることはわかっているので、なんてハンサムな方でしょうと、いわなくてはいけません。カルマを作って、来世で出っ歯に生まれたくはありませんからね。

そのラマは、私が建設中のリトリートセンターの話をすると、興奮して飛び跳ねました。それがどれほど重要か知っていたからです。彼の愛弟子によると、彼があんな喜び方をする姿を見たことがないというので、私のやっていることは非常に重要なことに間違いありません。

私は、ラマからイニシエーションを受けた後、リッジン・ノルブという法名を頂きました。「純粋な意識の宝石」という意味です。私は非常に光栄に感じ、定められた役割に応えられるよう祈りました。

悟りへの道において、自分の正気を確かめなくてはならない時が来ます。したがって、彼から認められたことは、私にとって非常に重要なことだったのです。今でも、私は頂いたカードを見るのですが、これが前進するための励みになっています。

プレアデスのブラジー

女性ETのブラジーと出会えたことは、ある意味この上ない幸せですが、私のエゴにとっては何といっても非常に驚くべきことでした。私はスピリチュアルな道を歩んでおり、異世界からの訪問者には興味がありませんでした。当時、私が理解していなかったのは、昔から私たちと共に存在した古代の異世界の存在たちの本質を理解しなければ、どんな宗教においても私たちの古い過去を本当の意味で理解することはできないということです。彼らのほとんどが慈愛に満ちた存在で、中には、古代の私たちの先祖にあたるものもいます。さらに、人類よりも優れた知性やテクノロジーを乱用して、自分たちを神だと偽る存在たちもおり、これが怒れる神という概念の発端です。これについては、私の最初の著書である『リユニオン・ウィズ・ソース(源《ソース》との再会)』で詳しく述べています。

これら、優れたテクノロジーを持ちながら、自己本位でスピリチュアルでは後退した暴君のような存在は、原始的な人間を巧みに利用し、恐れ、罪、そして自分は価値がないという思いを利用して、地球の人間たちを彼らの神性から分離させ、多くの場合、奴隷化してきたのです。慈愛にあふれ、スピリチュアルに進化したETは、地球に戻って来ては、ネガティブなETを追い出して、被害を修復しようとしました。彼らはしばしば、普遍的な平和、人類愛、そ

プレアデスのブラジー

の他健全な社会と環境のための普遍原理や必要な理解といったメッセージを、さまざまな文化の偉大なマスターに届くように、伝えて示唆してきました。これら慈愛に満ちたETは、時間の流れでいうと、地球よりも何百年、何千年も進化しており、中には何百万年も進化している存在がいます。彼らは精神的にインスピレーションを与える監督官として、数十億年の間、私たちと一緒にいました。

ブラジーは、そういった監督官の一人です。彼女はプレアデスのマスター・スピリチュアル・ティーチャーであり、人類が、愛を取り込み、より高いレベルへ進化するよう手助けするために、顕現化する力として、創造物の背後に存在しています。私とブラジーの最初の出会いは、終日瞑想をしているときでした。高次の意識とエネルギーが身体の中に流れ始めたとき、私は深いトランス状態で至福の感覚を味わっていました。

地球で起こりつつある覚醒と癒しのプロセス、そして人類が意識と環境の浄化を手助けする上でやらなくてはいけないことについて、テレパシーでの会話がありました。その時、その情報は内容的に、発信元が非常に高いところだと確信したので、どのレベル、次元から来ているのか尋ねました。私は、受け取った答えを聞いて驚きました。

はっきりと、**「私たちは船に乗っている」**といったのです。

私は急いで瞑想を止めて立ち上がると、自分にいいました。「ジェームズ、お前は本当に正気を失ってしまった」と。私はその体験を、逞しい想像力のせいにし、庭に出てグラウンディングしようとしました。体に流れこんでいたスピリチュアルなエネルギーのせいで、私はまだふらふらしていました。私が玄関にたどりつく前に、妹と友達が、ポーチの階段を駆け上がって来て、ドアを叩き始めました。

「あれを見た？　あれを見た？」と、彼らはいいました。

「何を？」と私は答えました。

彼らは、金属製の船が太陽に反射してキラキラと輝きながら、家の上で浮かんでいると教えてくれました。それを聞いて、私は霊的に非常に進化したＥＴからコンタクトを受けた事実を、認めなくてはなりませんでした。

ブラジーの教えは非の打ち所がなく、さまざま形で教えを実証してくれました。彼女は私をしばしば体外離脱させ、より高い振動数を直接体験させてくれました。

ある時、私は田舎の道を大股で歩いたのですが、1週間ほどに感じられる時間、体外離脱し、そこで集中的なトレーニングと教えを叩きこまれました。そして大股で歩いている状態に戻されると、地球の時間で1秒も過ぎていませんでした。もう一つの現実から地球の現実に戻るとき、自分の意識が戻る一瞬があるのですが、二つの現実の間の移動のせいで、頭がボーっとなりました。そのため一瞬、足元が不安定になりましたが、地球の現実に戻った時には、人生や自分の直面していた多くの問題に対して、まったく別の考え方が生まれていました。そもそも私が散歩に出かけた理由は、頭を空っぽにして、いくつかの問題の答えを見つけられたらいいなと思っていたからです。

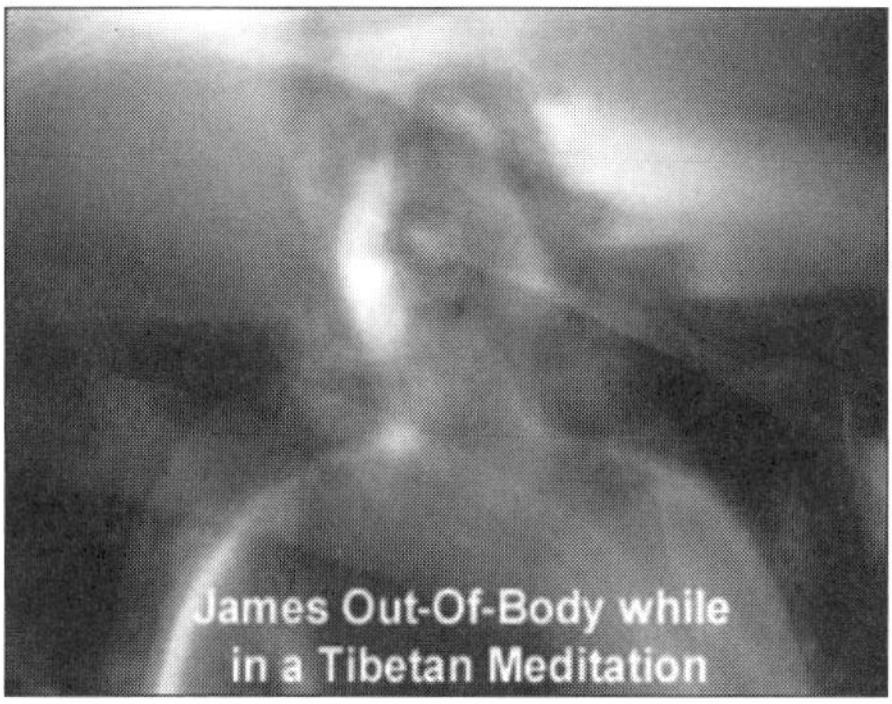

瞑想中に体外離脱するジェームズ（DVD より）

別の体験では、自分がプレアデスの宇宙船に乗っていたこともあります。肉体で体験しているかのようにビームで乗船し、私の体にピッタリの青いタイトなつなぎ服を渡されました。その服自体がエネルギーを持っているので、それを着ているだけで私自身、力が湧いてきました。ほどなくして、私たちの乗った宇宙船は、森にある火の見やぐらのすぐ上で静止しました。私が見たのは、最初、慌てて走り回っていた人々が、やがて愛にあふれたプレアデス人の存在によって、落ち着きを取り戻す姿でした。

これらのETは、未知のものに対する一般的な恐れを打ち消すために、平和で愛にあふれるエネルギーを、精神的、技術的に伝える能力を備えています。火の見やぐらにいた人たちは落ち着くと、宇宙船の絵を描き始めました。これは、コンタクトのシナリオの一部であり、人類をETの存在に少しずつ慣れさせる方法の一つなのだ、と理解できました。

その後、私は劇的な光景を目にしました。宇宙船の中にいる間、私が見ていた火の見やぐらの男性が、「タウンホール」という地元のテレビ番組に出演し、彼の体験談を話していたのです。私はその時その番組を見ていて、椅子から転げ落ちそうになりました。

私は、家の中を走り回り、「あの男性だよ。私が宇宙船に乗っているときに見たのは！」と話しました。

この出来事は二つの目的がありました——一つは私の体験を裏付けること、もう一つはUFOの実態を人々に認識させることでした。

第3章

さらなるUFO目撃体験

ＵＦＯを目撃することは、日常生活の一部になり始めました。

私にとってそれは内なる経験だったので、ＵＦＯの存在を証明することに興味はありませんでした。ある日、瞑想をしていると、私はオープンにする時が来たと、メッセージを受けました。彼らは、紛れもない宇宙船のビデオ映像を、私に提供するというのです。

次の週、ＥＣＥＴＩで開催された、作家ランドルフ・ウィンタース氏の講演に、チョイという男性が現れました。

彼は、会場から二度、立ち去ろうとしたのですが、結局戻ってきて、「ここに自分がするべきこと、または知るべきことがあるので出ていけない」と、私にいいました。

彼は、東洋にあるあらゆる神秘学校《ミステリースクール》で学んできたけれど、まだ一つ欠けている要素がある、それは、彼が学んだそれぞれの教え全体に共通したＵＦＯとの不可解なつながりで、それは古くから存在し、誰もその正体と、そのつながりを教えてくれなかったといいました。

私は彼に、「私ではなく、彼らからあなたに、直接、話してもらいましょう」と答えました。

私たちは、ＵＦＯとのコンタクトを邪魔するようなブロックやパターンを、彼から取り除く作業を行いました。その作業の最後に、オリオンの光の評議会のマスターの１人であるヘイオグがやってきて、交信したのです。

チョイは、そのエネルギーに圧倒されました。彼の言葉を借りれば、これまでその他のマスターたちから感じたものより、1000倍も強いエネルギーでした。彼は最高のマスターたちと学んできており、彼自身もカンフー、気功、その他のさまざまな武道や瞑想テクニックの達人だったので、その感想は最高の賛辞でした。

私たちが知らなかったのは、彼が7000ドルのビデオカメラを持っていたことです。彼がプレアデス人とコンタクトしている間にいわれたのは、翌週に予定していたロサンゼルス行きの飛行機にカメラを持ち込むようにいうことです。彼は私たちに電話をかけてきて、プレアデス人をフィルムに収めるようにというメッセージを受け取ったといいました。

彼は、「頭がおかしくなっているようだ。それとも、これは気のせいなのだろうか？」といいました。

私はブラジーにテレパシーで、飛行機にカメラを持ち込むようにというメッセージは正しいかどうか尋ねると、彼女はそれが正しいメッセージだと認めました。それから私はチョイに電話で、ロスへの旅にビデオカメラを持っていくようにと伝えました。

彼は、「頭がおかしくなっているようだ。それとも、これは自分の頭の中の声なのだろうか？」といいました。

私は、「カメラを持っていって、UFOが現れなかったら、君は頭がおかしいということさ」と答えました。しかし、プレアデス人は約束を守ることを私は知っていました。

焚火での出来事

チョイは、とても興奮していました。ＵＦＯと地球との、スピリチュアルかつ古代からのつながりについて解明する彼の夢と探求は、ようやく実を結んだのです。真実の探求における彼の勇気と粘り強さは、卓越していました。しかし、武道、気功や精神的訓練で広範囲な修行を積んでいてもなお、今回の邂逅には十分ではありませんでした。

私たちは、知りたい、証拠が欲しい、直接見てみたいと、よくいいます。私たちが本当に自問すべきことは、自分は本当にその準備ができているのかということです。ほとんどの人々は、本格的なコンタクトになるといっていても、準備ができていません。恐れやエゴ、地球上で生活している間に形成された人格にショックを与えることを避けるため、コンタクトは一度に少しずつすべきものです。さらに、多くのハリウッドの映画で描かれるような、人間を追いかけまわし、リンゴを口に入れ、人間を巨大なレーザーでウェルダンに焼き、脳みそを吸い出し、すべての都市を蒸発させ、人間の頭を動物の頭にすげ替えるといった、ＥＴのネガティブなイメージによってプログラミング（体系的な洗脳）をされています。また、宗教的なプログラミングも行われており、悪魔は天使として現れることもできるのに、神や天使でないものはすべて悪魔であると謳っています。

これは、人類の経験の独裁者としての権威を保つために、万全の準備をしているのです。また、未知のものに対しては、基本的に恐れが存在します。スピリチュアルで慈愛に満ちたETの前では、さまざまな形で恐れが現れ、増幅されるので、コンタクティーを愛のフィールドに留め、恐れを克服する手助けをしなくてはなりません。そして彼らには、ETの真実と、人類の先祖として地球とのつながりについて少しずつ教え、主な宗教や教育システムの中で繰り返されてきたお仕着せの知識から解放しなくてはなりません。この再トレーニングを一気に行うと、エゴはとてももろいので、かなりショックを受ける可能性があります。

星が手でつかめそうなほどクリアな空の晩に、典型的なことが起こりました。ちょうど雨が降ったばかりで、タイミングは完璧でした。私は、山積みになった木の枝や、腐った木などを燃やすことにしました。それは、とても大きな炎となって激しく燃えていたので、私たちは中心から6メートルほどには近づくことができませんでした。黄色やオレンジ色の炎は揺れながら、渦巻く煙は、夜中の空へ立ち昇っていきました。

チョイは、何度も何度もETに、宇宙船を低空に降ろすよう頼みました。

彼は、「彼らが空の低い位置に降りてきてくれたら、私は代表して、彼らのメッセージを世界中に伝えます。彼らは、金属製の宇宙船の姿を現すか、疑いの余地がないほど彼ら自身の存在を証明するために、何かやらなくてはいけないのです」といいました。

私はチョイに、本当に準備ができていると思うかと尋ねました。私たちは、自分では準備ができていると思っていても、実際に宇宙船が空の低い位置に降りてくると、多くの人たちは、隠れ場所を探して走り回り、パニックになって恐怖に支配され、「神よ！」と叫びます。慈愛に満ちたETが避けようとしているのは、まさにこの事態なのです。彼らは人々の意識をスキャンして、そこに恐れがあれば、空の高い位置に留まるか、まったく姿を見せません。

チョイはとても興奮して、「準備はできています。彼らに何でもすると伝えて下さい――低い位置まで来て下さい」といいました。

私は、「私ではなく、自分で彼らに頼んで下さい。あなたも私と同じコンタクトをしています。彼らにはあなたの声が聞こえています」と答えました。

私が言い終わるや否や、私は南側から自分の背後に、力強い存在が近づいて来るのを感じました。私はチョイに、「彼らはここにいます」といって振り向き、南側を指差しました。

その時、3機の宇宙船が現れ、私たちの方に真っ直ぐ向かってきました。3機が近づきながら、1機がその編隊を外れて、ゆっくりと音も立てずに滑るような動きで、私たちの頭上に下りてきました。その宇宙船は、30秒ほど頭上に浮いていましたが、上昇して、残りの2機に加わると、大きく広いターンをして、最初に現れた方向に戻っていきました。それらの宇宙船が空の彼方へ消えると、私は笑い出しました。

チョイは固まった状態から我に返り、畏怖の念から開いてしまった口を閉じ、目の焦点を戻しました。彼は、「何がそんなにおかしいのか」と聞きました。私は、彼の腕の下に巻きつけてあったが、まったく動かなかったビデオカメラを指差しました。

するとチョイはものすごく憤慨して、普段の彼の性格からは考えられない、ここには書けないような言葉を叫びました。そして、「チャンスを逃した！ チャンスを逃した！ 俺は、なんてバカなんだ？」といって、自分をひどく責めたのです。私は、恐れを感じるのはまったく普通のことなので、そんなに自分を責めることはやめなさいと、彼を諭しました。加えて、私は彼に、この状況までたどり着いた自分を褒めるべきだ、ともいいました。ほとんどの人は、完全なるコンタクトを願う勇気もないし、それを願うことに興味も示しません。

チョイを落ち着かせ、自分を責めるのを止めさせるのに、かなりの時間を要しました。私は、彼が積んできた武道の訓練や、怖いもの知らずの性分をもってしても、深く根差した社会意識のプログラミング(体系的な洗脳)には、太刀打ちできないことを彼に思い出させました。

加えて私は、「他の人たちに対処するとき、この経験を思い出すようにして下さい。そうすれば、人々が未知のものに直面したときの行動を知るのに必要な、思いやりと理解する気持ちが得られるからです。なぜ、それが一度に少しずつ起こらなくてはいけないのか、今、あなたはわかりましたね」と伝えました。

隠蔽と虚偽情報に関する教訓

ロスへの旅行の直後、私に電話で連絡してきたチョイが、「驚くようなプレゼントがあります」といいました。

彼がビデオを手にしてＥＣＥＴＩにやってくると、それはチョイの乗っている旅客機のそばで、ブラジーの宇宙船が驚異的な空中飛行をしている様子を捉えたものでした。金属製の円盤の形をした宇宙船は、空から降りて来て、水平方向に移動していました。

それから一旦停止すると、宇宙船の下から、オレンジの色が発光する金白色の光に変化しました。その後、その光は円盤状の形からシリンダーへ、さらに矢じりの形に変化し、最後に手の形になると、元の円盤状の光に戻りました。それは素晴らしいビデオで、彼らは何者なのか、いつから存在して地球の進化を観察しているのだろうかと、見る者を考えさせる映像でした。

私たちは、すぐにその映像をさまざまなＵＦＯ研究団体に送ったのですが、ショッキングなことが待ち受けていました。不思議なことに、送った映像のコピーのほとんどが、配送途中に消えてしまったのです。他の場所に送られたり、音や画像の質が悪くなるよう改ざんされたものもありました。

その後まもなく、ＥＣＥＴＩの上空に、精巧な機器を装備した黒いヘリコプターが定期的に飛び回るようになりました。中には、機体の前部にC字形の管を三つ搭載しているものや、パラボラアンテナなどハイテク機器を搭載したものもありました。それらのヘリコプターは、私たちに、問題のビデオのことを知っているとわからせるために、威嚇的な飛行を数回行いました。一度は、私に操縦士の顔のほくろが見えるほど、低空飛行をしてきました。そのヘリコプターの乗組員は、胸に記章のついた薄茶か淡黄色のオーバーオールを着ていました。ただし、ヘリコプターの機体には、何のマークも付いていませんでした。

ある時、黒いヘリコプターがECETIに近づいて来たので、私はビデオカメラを手に取り、北のフィールドへ走って向かいました。友達は、戦場へ駆け出す狂った男のように、私がおかしくなったと思ったようです。ヘリコプターが母屋に誘導されたので、私はそこで出迎えました。最初、音は聞こえましたが、まだ何も見えません。その機体は、覆われているように、とても近づかないと見えるようにならないのです。それが頭上に現れると、私とヘリコプターの間に、ダイヤ型の別の物体が浮かんでいるのに気づきました。それはまるで私の安全を確保するため、私とヘリコプターの間で護衛に立っているかのようでした。映像をレビューしていると、私は守られていると知り、温かい気持ち、内なる穏やかな気持ちになりました。

私はCSETI(地球外知性研究センター。スティーブン・グリア博士設立)というUFO研究団体の友人シャーリーに、その黒いヘリコプターについて尋ねました。彼女によると、そのヘリコプターは、超高感度スキャンニングや〝サイコトロニクス兵器〟（マインドコントロールなどに使われる電磁的兵器）を搭載していて、それを使うと、人間を鎮静状態や怒りの状態にしたり、体内のレトロウイルスを誘発させ、深刻な病気、時には癌、心臓発作、時に死に至らしめることができるというものでした。

さらに、別々のUFO研究家たちが、同じ種類の癌で倒れたと教えられました。彼女のその話が間違っていればいいのにと願い、彼女の言葉を信じたくはなかったのですが、その後まもなく、彼女も癌で亡くなってしまいました。彼女の死は、UFO研究のコミュニティーにとって大きな痛手でした。彼女は、真実と普遍的な平和のために戦い、多くの人にその勇気が認められていました。彼女の死は本当に惜しまれます。

そのビデオを送った後すぐに、チョイは不可解な病気にかかりました。頭からつま先まで全身が病変しており、何らかのエネルギーで攻撃を受けたようで、彼はまるで電子レンジでチンされたような感じだといっていました。彼はずっと息切れと胸の痛みを抱えていて、命の危険を感じていました。チョイは私たちに電話をかけてきて、入院すれば生きて戻ることはないだろうといいました。

私は、友達をECETIに連れてきました。彼はネイティブ・アメリカンの治療薬をチョイに使い、解毒用に大麦スープを飲ませ、エネルギーヒーリングを施しました。そして私たちは、ブラジーにコンタクトして状況を伝えました。この出来事は、チョイが彼女のメッセージを伝える手助けしたことが原因で起きたのだと私は感じたので、彼女にチョイを助けてくれるよう頼みました。すると翌日、彼は起き上がって動き回れる状態になっており、体中の病変はほとんど消えて、それは奇跡が起こったような出来事でした。

この体験にチョイは耐え切れず、私たちともう一緒に行動していません。彼は突然、移民局から呼び出され、学生ビザに問題があるといって、韓国に送還されたのです。

彼が本国に帰り、連絡が途絶えたことを責めることはしませんが、友人を失ったことは寂しく感じます。このようなことが自分の友達に起こったことに心を痛めると同時に、本件に関しては、自分にもいくばくかの責任があると感じました。そこで私は、メッセージを出すことを強く決意しました。それは、これから起こる、世界および意識に対する変化に関する――私たちの意識と環境をどのように整えるべきかという強力なメッセージです。人類と地球の覚醒と癒しを、支援する方法についても述べています。

ビデオのコピーの郵送を続けた私は、UFO研究のコミュニティーにおいて、多くの人に名が知られ、信頼されている人の多くが、実際は見かけどおりでなかったことに驚きました。多くの人たちは、そのビデオやECETIで起こっているコンタクトについて、発表を控えたり、検閲したりしたのです。彼らの多くは、NSA(国家安全保障局)、CIA(中央情報局)、および軍情報部などでの勤務の経歴を持ちながら、ＵＦＯ報告センターやグループの代表を務めていました。さらに、権力闘争、守りたい地位、嫉妬、金銭がらみの競争などもありました。中には知名度のためだけに、コミュニティーにいる人もいました。

その多くの団体は、ネガティブな遭遇であるという信念を押し通し、コンタクトの他の側面をすべて無視し、人々の恐れ、不安な気持ちに利用し続けたいと考えていました。その他、自分たちの真理を唯一の真理とし、その信念体系に一致しないコンタクトの公表を認めない団体もありました。多くの団体が似たり寄ったりで、高度な文明は高度な意識を持つという事実を認めません。しかし、ＥＴはテクノロジーとスピリチュアリティとのバランスをとる必要があります。そうでなければ、かつて地球上にあった文明と同じような道を自ら進むでしょう。

自分の前にやってくる障害が何なのか、見当もつきませんでしたが、進み続けました。その原動力の一部は、自分の友達に起こった出来事であり、残りは一度死んだ身なのだから、どうなっても構わないという気持ちからでした。

ＵＦＯはその後も、ＥＣＥＴＩの上空に飛来し続け、多くの目撃者を生んだので、真実を公表せざるを得ませんでした。

私は講演会で、正体をすっぱ抜こうとする人たちに対し、「私が皆さんに証明するよりも、ＥＣＥＴＩに来て自分の目で確かめて下さい」といいました。

ECETI上空を飛行する黒いヘリコプター

結局、彼らは来ませんでしたが、別の参加者たちがＥＣＥＴＩにやって来て、彼らは、目を丸くしてにやにや笑いながら、馬鹿にした人たちが恥ずかしい思いをするような証言を残して、帰っていきました。

そのような活動から生まれた大きな突破口の一つは、ラジオ番組「サイティング（目撃）」の司会者ジェフ・レンズとの出会いでした。彼は、国際宅配便で送られたビデオのコピーを受け取り、荷物受領のサインをする予定だったのですが、このコピーも別の住所に紛れてしまいました。幸いにも、受け取った方がレンズ氏の元に送り返してくれました。レンズ氏は、すぐに私を番組に出演させ、私の番組出演は、その後も数回続きました。彼には深い尊敬の念を持っています。このおかげで、また、記録しきれないほどの目撃者の証言の後押しもあって、このメッセージを伝える活動が立ち上がりました。

その後まもなく、黒いヘリコプターのＥＣＥＴＩ上空への飛来がぴたりと止みました。面白いことには、数カ月後に、まったく同じ機種で同じ機材を搭載した白いヘリコプターが、ＥＣＥＴＩの上空に現れたのでした。

死による検閲

私は、真実に近づきすぎたり、〝リバースエンジニアリング〟（製品を分解するなどして作り直す）技術によって宇宙船（地球製ＵＦＯ）に迫りすぎた人々が、たくさん亡くなっていることを知っています。チョイやシャーリーが、黒いヘリコプターの奴らにされたこともわかっています。ある深夜、私は寝ているときに、放射性や精神工学的な攻撃を感じ取りました。それは、まるで電子レンジで焼かれているような感じでした。ほかにも、吐き気、記憶喪失、怒りを起こすように設計されたエネルギー波に、曝されていたことにも気づいています。私たちのグループ内で不和を引き起こそうと、狙われていたのです。

私はとても鋭敏なので、彼らが何を企んでいるのか知っていましたし、望まれていないネガティブなエネルギーに対処する十分な訓練を受けていました。あるエネルギーの流れを追っていくと、一人の男にたどり着きました。黒い服を着たその男は、積み重なったコンピューターの側で、装置を身につけ、リクライニングチェアに座っていました。そこで奴らはテクノロジーを使った黒魔術や呪術のようなものを行っており、他人にイメージや悪夢を植えつけたり、睡眠パターンを妨害するために、この装置を使っていました。最悪のシナリオの場合、心臓発作や癌を誘発する周波数パターンを送ることもできます。

私たちの税金が何の財源になっているのか、しかも、このブラック・テクノロジーの使われ方に、私は驚きました。国家安全のためではなく、税金を納めている市民そのものに向けられているのです。私に言わせれば、これは究極の反逆罪であり、卑劣な不法行為です。私に向けられたエネルギーについて、リモート・ビューイングの訓練を受けた複数の友達に調査してもらったところ、全員が細部に至るまで、同じ情報を持ってきてくれました。

さらに私の命を狙って、トラックに破壊工作を行われたことも数回ありました。不思議なことに、高速道路でホイールやリムが外れたのです。一度は運よく、何かを感じて徐行にしたので、左タイヤだけが外れました。トラックは車道に叩きつけられ、道路に深い溝を残しました。また、自動車は、左右に揺れながら、前の回転部が道路に押し当てられ、ようやく止まりました。私は、万が一、娘や姪、甥たちが同乗していたらと考えると、ゾッとします。彼らをよく学校へ送り迎えしているので、彼らの命のほうが心配です。

ブラック・オペレーション（機密工作）にかかわる奴らは、命を尊重する意識など持っていないようです。もし攻撃の対象が彼らの家族だったら、どう感じるでしょう。その場合、奴らは家に帰って、「ただいま。子供たちは元気かい？ 今日は、俺たちのような家族を死滅させたよ。心臓発作を2回、そして数個の癌を発生させてきた。数家族を崩壊させ、数人の善良な市民の命を奪い、数人を発狂させてきたよ。これは国家安全の利益のため、いつものことなんだ」というのでしょうか。

私が、攻撃から何度も回復するので、奴らは驚いたと思います。まるで奴らの卑劣なおもちゃ（攻撃）が機能していないようでした。しかし、奴らの知らないところで、こうしたおもちゃには効果を発揮し、私は幾度も重体に陥りました。ただし、私にやらせることがまだあるとした聖霊《スピリット》が、最終的には私を治し、回復させたのでした。

ブラック・オペレーションにかかわる奴らは、自分たちを非常に優秀だと思っていますが、気づいていないことが一つあります。〝真実は一つ、正義の目はあなたに注がれている〟のです。いずれ奴らも、他人に与えた痛み、苦しみ、被害を感じることになるでしょう。これは地球の運命、進化、そして振動数上昇に組み込まれているのです。奴らが本当に頭が良いならば、これまでの行いを告白し、エネルギーを注ぐ方向を覚醒と癒しのプロセスに向け直すでしょう。

超能力や遠隔透視を使って未来を見ていて、気づいたことの一つは、奴らがそこにいないことです。理由はわかりませんが、2012年以降に、奴らの姿を見ることはありません。奴らはそこに存在しないため、未来にジャンプできません。奴らのような人たちにさえ、常にゆるしはあるのです。

まもなく大いなる力が訪れるため、残された時間は限られています。自分たちのテクノロジーが優れていると考えるなら、創造的なエネルギーを駆使したテクノロジーが存在を知らせるまで待って下さい。不届き者は、地球上でかつてなかったエネルギーバンドを見ることになるでしょう。行いはすべて自分に返ってきます。人類と地球に奉仕することを選んだ者は、称賛されるでしょう。統制、支配、人類と地球を犠牲にした行動をした者は、報いを受けるでしょう。

ヘイオグの宇宙船

ある晩チョイが、テレパシーでメッセージを受けた後、寮の部屋の窓から空を撮影していると、オリオンの巨大な宇宙船が現れ、ポートランド州立大学の上空に浮かんでいました。その宇宙船は、トーンとパルスを発信していたのですが、それはチョイのビデオに記録されていました。そのビデオを、私たちがヴィレッジ・ラボのビデオエンジニアであるジム・ディレトッソの所に持って行くと、分析の結果、これが偽物だという証拠はないといいました。彼が編集作業をして、ビデオのバックグラウンドの声を取り除くと、反復される低いブンブンという音が聞こえました。それはだんだん、高く速くなりましたが、映画『コンタクト』に出てくる音と、かなり似ていました。その後、このテープはコンピューターファイルに変換され、世界中に送られました。

チョイがその宇宙船をとらえてまもなく、ヘイオグに、オリオンの宇宙船がなぜそこにいたのかと尋ねると、彼は、**「より高度な学びのためです」**と答えました。睡眠中や夢を見ている間、学んでいる人たちは高度な知識を受け取り、コンタクトの準備をされているのです。こうすることで、のちに宇宙船が現れたときのショックが軽減されます。

宇宙船から一定のペースで発せられた、耳に聞こえる低いトーンは、宇宙船が光ると速くなるのですが、それについても尋ねてみました。

ヘイオグは、**「それは、創造物の音であり、鼓動です。私たちは創造のエネルギーを最大限に駆使しているので、私は、そのエネルギーが地球上でバランスを崩さないようにする役割を担っています」**と答えました。彼は私に、地球のグリッドシステムの性質と、覚醒と癒しのプロセスにおいて、このシステムを維持し、バランスを取るために、エネルギーの注入がどのように必要なのかを説明してくれました。

さらに彼は、振動数上昇のプロセスと、それがどのように作用しているか、私たち人類がどれほど愛され、代わりにETがどれほど一生懸命に働いているか示してくれました。人類が環境を含んだあらゆることに戦いを挑もうとする気持ちにもかかわらず、彼らは人類の進化を確保しながら、私たちが前進するのを継続的に手助けしているのです。

私は昔読んだ本では、オリオン人はグレイやレプティリアンと同様なものと考えられていて、不当な非難を受けていたのを覚えています。それは、私たちの体験とは合致しませんでした。

私たちの体験では、彼らは非常に進化しており、愛にあふれ、外見も私たちと似ているもの、より北欧人に近い顔立ちをしています。後でわかったのは、彼らの祖先はプレアデス人の祖先と同じだということです。私は、J・J・ハータックの『エノクの鍵』(邦訳：ナチュラルスピリット刊)を読むよう指示されました。ハータックによれば、オリオンはプレアデス人の遺伝子コードでプログラムされた、純粋なライトボディが来た場所だということです。そこはグノーシス、スピリチュアル・パワー、および源《ソース》自体の知識が生じた場所なのです。

ECETIの上空には、たくさんの宇宙船が飛来していました。通常のディスク型の光、シリウスAから来た大きな金色の卵型の船、そして街よりも大きな三角形のアンドロメダから来た宇宙船などです。

ある日、アンドロメダの宇宙船が森の木の上を飛んでいました。それは巨大な三角形の宇宙船で、幅は90メートルほどあり、それぞれの角には白い光、中央には赤い光が付いていました。それは私の頭上まで、まったく音を立てずに来ると、通り過ぎながら船体の後方部に一列に並んだライトが赤く光りました。あれほど巨大な物体が完全に無音で動くというのは、まるで信じられない光景でした。それはまったくすごい学びであり、自分の中にある現実という概念を見直さなくてはなりませんでした。

リバース・スピーチ

ある日、一人の男性が私に、これまでに、うそ発見器によるテストを受けたり、または、自分の話した情報を、リバース・スピーチ（話の録音を逆再生したときに現れるメッセージ）で確認したりしたことはあるかと尋ねてきました。リバース・スピーチとは、自分の顕在意識が情報を除去したり歪曲する前に、潜在意識が何を考えているのかを分析する手法です。私はノーと答えましたが、真実を語っているかどうかを示すテストなら、どんなものでも喜んで受けたいと思っていました。私は、リバース・スピーチの権威であるデビッド・ジョン・オーツの番組への出演を依頼されました。これにより、ある議題に対する自分の本当の感情や考え方が明らかにされます。被験者が真実を語っているか、隠された思惑を明らかにしているか否かを見分ける、卓越した手法です。さらに、これまで対処され、癒されていなかった深い核となる問題、心の傷やトラウマに踏み込む、素晴らしい手法でもあります。

オーツ氏の番組出演の依頼を受けたとき、私は、「もちろんです。隠すことは何もないし、これまでずっと、真実だけを語ってきたのですから」といいました。その後、私は番組出演について考え始めると、心配になってきました。もし、すべてが幻想だったらどうしよう。私が奇妙な策略に利用されていたとしたら？ 番組で使用する機材が偽ものだとしたら？ 本物のUFO目撃やコンタクトを偽りだと暴くために、彼らが物事をでっち上げていたとしたら？ もし、私が深い感情面の問題を抱えていて、それがラジオで全米に流れることになったらどうしようといった、あらゆる恐れが私の頭に浮かんできたのです。

恐れが徐々に消えていくまで、私はそのままにしておきました。「そんなことを気にしてどうするのだ。自分の潜在意識に隠された思いがあるのか、自分が思い違いをしているのか知りたいではないか。私が怖気づいてしまったら、どうやって他の人に、前向きにこの問題を受け止めるよう頼めるだろう」と自分にいいました。すると緊張も解け、私はそのラジオ番組に出演しました。そこには、ジョン・ケリーという名前の男性もいました。録音したインタビューを逆再生すると、驚いたことに、私は通常話している内容とまったく同じことを話していました。ただ、潜在意識に留めていた情報までさらけ出していましたが。

聖母マリアとのつながりや、ECETIに出現した聖母マリアやその他の交流について尋ねられた部分では、いくつかのメッセージがリバース・スピーチで出てきました。まず、「マリアと共にあれば、確かに保護されます」と話しました。すると、一方からは、

「マリア様のエルフが、彼女を愛するようにといっています」

という言葉になっていました。これは衝撃でした。なぜならECETIには、エルフの幻想的なビジョンがたくさんいて、マリアの周りに小さなエネルギー体が集まってきていたのですから。ECETIに来た子供たちは、その姿を目撃して、様子を細かく説明していました。

ECETIに頻繁に現れる金色の巨大な宇宙船については、「宇宙船は古代の雰囲気を持っていて、それは長いこと、このあたりにいます」と話しました。そのスピーチを逆再生すると、

「乗組員ヴィシュヌが彼の名前です」

となっているのを聞いて、私は椅子から転げ落ちそうになりました。ヴィシュヌとは、世界を維持する役目を担う古代ヒンズー教の神だったからです。

これら巨大な宇宙船は、古代チベットやインドの聖典にも登場しています。ヴェーダ文学のマハーバーラタやラーマーヤナでは、ルクマ、スンダラ、トリプラ、サクマという4体の宇宙

船について詳細に描写しています。それらは神々の二輪戦車であり、非常に高度な武器を装備しています。宇宙船には、物質的なものもあれば、エネルギーやプラズマでできたもの、乗組員のスピリチュアル・エネルギーでできたものもあります。音や熱で探索する火矢や回転盤が、宇宙船から発射されていました。

古代の大戦争の記録に書かれた場所を発掘すると、書かれた文書と合致していて、そこでは放射能が見つかりました。私が、ＥＣＥＴＩの上空に現れた金色の巨大なプラズマ宇宙船の写真をラマやヨギに見せると、彼らは飛び上がって喜び、その宇宙船をヴィマナ（神々の戦車）と呼んでいました。その金色の宇宙船は、間違いなく古代ヴェーダ文学に記録されています。それは神々の戦車だったのです。私は今、何かに気づいていたことがわかりました。とても古く、巨大な何かに……。

ミステリー・サークル（クロップ・サークル）

私は、ヘイオグと、プレアデスの友達に、ミステリー・サークルについて質問しました。デイブとダグという二人の酔っぱらいのイギリス人がビールを何杯も飲んだ夜遅くに出かけてサークルを作ったという戯言では、すべてのサークルについての説明にはなりません。典型的なミステリー・サークルを一目見れば、同じくらい複雑なものを、足跡も残さず作るには、エンジニアや測量士と、ヘリコプターを揃えたチームが必要だとわかるでしょう。

中には、詐欺師やテレビクルーが作ったものもありましたが、そこには証拠が残っていて、偽物であると容易に片づけられます。作物は壊れて踏みつけられており、横たわって織り込まれてはいませんでした。周りは足跡でいっぱいで、長い時間をかけて作られています。

本物のミステリー・サークルは、しばしば専門家たちを困惑させました。本物を見ると、作り手が、科学や幾何学を深く理解していることがわかります。その形は非常に複雑で巨大で、何時間も何日もかけるのではなく、一瞬で作り上げられています。飛行機がその上空を飛んで、方向転換して戻ってくると、そこにサークルが出来ていました。作物は、マイクロ波に似たエネルギーによって織り込まれ、曲げられていても、壊れてはいませんでした。土壌の質までもが変化していて、磁気異常が見られました。人類をはるかに越えた知性的存在が、ミステリー・サークルを作っているはずです。

ヘイオグは、ミステリー・サークルは、創造のエネルギーの鍵を示していて、それらは人類の基準からすると非常に複雑だけれど、近い将来、解読されると教えてくれました。そこには一つでなく、さまざまな意味があります。あるものは神聖幾何学として知られる神の科学を表し、あるものは最も単純で簡素な形からより複雑な形態へ移行する創造物の段階を描いています。それらは、創造物について限界を設けずに、もっと無限の方法で、界層や次元のレベルを理解し、考えていく鍵になるでしょう。

無限とは、両極に振れることです。無限に小さくもなれば、無限に大きくもなりますが、それはほとんどの人間の理解を超えています。あなたが宇宙に出かければ、太陽系はただ多くのうちの一つであると知るでしょう。天の川銀河だけでも10億個の太陽があり、いくつもの惑星が周りを公転しています。この銀河系も、多くのうちの一つです。銀河の後ろに銀河があり、それぞれ独自の太陽系、恒星や惑星を持っています。これらの太陽系と銀河を含む宇宙の後ろに宇宙があります。創造は無限であり、始まりも終わりもありません。呼吸のように内に入り外に出て、その断片一つひとつに全体の情報が含んでいます。すべてのものがつながっており、そのつながりを通じて瞬時にコミュニケーションを取るのです。

ミステリー・サークルは、この理解への鍵となります。私たちの古代の先祖はこれらの鍵を知っていて、寺院を建築する際に利用しました。ミステリー・サークルに見られるシンボルの多くは、古代の寺院でも発見されていることが知られています。多次元を行き来してきた古代の先祖の多くが、現在、戻ってきています。彼らを覆うベールは徐々に薄くなってきて、やがてほとんどの人が彼らの存在を知ることになるでしょう。

ミステリー・サークルは、空を見上げて視野を広げ、内側を見つめるようにと、人類に語りかけるいわば挨拶状です。肉体の目に映る以上のものが、そこにはあります。生命力にあふれた界層や次元による多元宇宙が存在し、中には人類の文明よりもはるかに古く、知的な宇宙もあります。今や、創造物の他の部分につながるときなのです。

私はヘイオグに、ミステリー・サークルの作成方法について、もう少し具体的に尋ねてみました。形而上学的な説明をすると、実践的な人たちが離れてしまうのはわかっていました。

ヘイオグによれば、「**それは非常にシンプルに作られます。私たちは無人の宇宙船を送り込みます。宇宙船にはパターンが組み込まれており、地面に沿って光速で動き、そのパターンに沿って撫で付けていきます。これが一つの方法です。他のグループは、別の方法で作っています**」ということです。これで、ミステリー・サークルが出現する前に、小さなオレンジ色の球状の物体が高速で動いていることの説明がつきます。

第4章

マスターおよび地球外の存在との邂逅

ハトホル

ぐっすり眠っていたある夜、私は夢の中で、音色、音、振動の癒しの性質について教えを受けていました。目が覚めると、ベッドの足元に、女性が立っているのが見えました。その女性は、私がこれまで見たことのないような姿で、顔は逆三角形、耳は人間とは異なり、牛の耳を小さくしたような形でした。姿は非常に美しく、圧倒的な愛の波動があふれていました。ある存在が、自分の意識とまったくかけ離れた形で、ベッドの足元に現れることなど、普段では考えられないことなので、彼女の姿を最初に見たときは衝撃を受けましたが、彼女から放たれる愛と安らぎの波動を感じながら、私はとても落ち着いていました。彼女が光の存在であることを確認するため、いつも行う、癒しの祈りを捧げると、彼女は笑みをたたえ、うなずき、徐々に消えていきました。

ハトホルは、集合意識ハトホルとも呼ばれますが、その後も私の前に現れ、女性的な創造エネルギーの本質や高まりについて教えてくれました。ブラジーと共にマリアがまだ現れていて、私は、人類のスピリチュアルな進化が展開していった様子を見ていました。

まず、女性エネルギーの顕現であるマリア、バッファロー・カーフ・ウーマン(白いバッファローの仔牛の女。ネイティブアメリカンの女神)、観音、その他の女性マスターが、家父長的エネルギーとのバランスを取ります。これがプレアデスとのコンタクト、あとに続くオリオン、シリウス、およびアルクトゥルスのマスターたちとのコンタクトの道を開いてくれます。その後、アンドロメダのエネルギーであり、神話で大天使として知られる存在がやってきます。彼らは身長は2・4から3メートルで、磁気を帯びた光の体を持ち、多元宇宙を監視する役目を担っています。私は、DNAにおける変化と変成転換の過程で、連続した波動に沿って肉体がエネルギー体へ、そしてライトボディへと、どのように移行し、進化するのかを理解しました。

太陽は、人間と地球が精神的・肉体的に成長する上で重要な役割を果たしていて、人間は、まもなくそれを悟ると思います。太陽は、すべてを司っています。太陽が消えてしまうことを想像してみて下さい。惑星系の太陽はそれぞれ、宇宙の進化の過程を統治するグレート・セントラルサン(銀河系の中心太陽)とつながっています。そのため、多くの文化が太陽を崇拝しています。太陽は、私たちの想像をはるかに超える知性を持っているのです。

オリオンのメリーア

オリオンの女性メリーアが私の前に現れたのは、友達のアリスがECETIを訪れたときでし

オリオン光の評議会のメリーア

た。メリーアは、アリスのメイン・ティーチャーであり、ガイドでした。私もメリーアの存在を感知しており、とても愛にあふれた、力強いものを意識の中で感じました。そこで私たちは、メリーアとのつながりを強くしようと決めたのです。

アリスが初めてメリーアと完全につながったとき、うれし涙があふれていて、それはまるで、長年、音信不通だった姉妹をみつけたような感じでした。次の日の夕方、金色の宇宙船がＥＣＥＴＩの草原の上で目撃されました。その夜、私は風呂につかって瞑想することにしました。瞑想をしながら、「私は知りたい。自分が何者なのか——地球外での自分の人生を、単なるあいまいな映像ではなく、完全な記憶として、私は知りたいのです」と私はいいました。すると、一条の大きな光が私の胸を直撃しました。それは古代の記憶を呼び戻すため、魂の活性化に必要なものでした。三つのエネルギーの塊が、一条の光に乗ってやってきて、私の胸にぶつかりました。

次の瞬間、私は、2本の金色のすじの入った白い頭飾りを着けたメリーアの前に立っていました。覚醒のプロセスのため、強力な意識とエネルギーを転送した、意識の進化が一定のレベルに達すると、多くの人にもイニシエーションとして起こることですと、教えられました。

私は新しい自己意識を得て、目的がしっかりとしました。オリオンでの精神的な指導者や、プレアデスで高い英知を獲得したイッシュリッシュ（叡智の女王）として存在した、完全な記憶が蘇ってきたのです。さらに、地球上で預言者、ヨガ行者、ラマ僧、アルゴンキン族の長老や、その他、多くの人生を歩んだ記憶も思い出しました。そこで、これらの経験は、地球での人生に向けて準備を万端にし、人間と地球の覚醒と癒しに力を貸すためだったのだとわかったのです。すべての信仰を理解できたのは、それらの教えに従って生きてきたからです。また、地球以外の星での生活も、経験してきました。

ライオン族

地球外での輪廻の記憶がよみがえってくると、古代とのつながりが広がり始めました。その一つが、ライオン族や猫族とのつながりです。はるか昔にアセンションした指導的な種族で、地球人の精神的な進化を、手助けするために戻ってきています。真実を隠すベールが薄くなり、人々は他の界層や次元を意識するようになります。別の周波数や時間軸に今も存在する古代文明に気づき接触する人もいます。

猫族との接触は、非常に短時間でした。プレアデスの師であるブラジーは、猫族との出会いを設定し、私に多元宇宙の多様な次元、そしてその多様な住人たちを深く理解させてくれました。私は、彼らの美しさに畏敬の念を抱きました。調べを進めていくうちに、猫族はさまざまな古代文化で知られていたことがわかりました。インドでは維持神ヴィシュヌの化身であるナラシンハ(ヌリシンハ)、エジプトでは守護神セクメトとして知られていました。彼らはきっと、さらに時間を遡って戻ってくると、私は確信しています。インドにはナラシンハへの呪文が多くあり、悪魔や他のネガティブな影響から守護を求めています。

どの文化でもよく知られているライオンの勇敢さは、アセンションして進化した文明の高度な知恵に匹敵し、すごい援軍となります。私は、この指導的な種族から、さらに多くの学びを得ることを楽しみにしています。彼らについて、より多くの情報を伝えたいのですが、私にとっても、まだ非常に新しい存在なのです。一つ私が知っていることは、彼らが極めて美しく、二本の脚で立ち、猫よりも人間に似ているということです。

私が出会ったライオン族の一人は、髪は金色、体毛はとても短く淡い金色で、服を着ており、大きなコンピューターのような機械に向かい、忙しそうにしていました。彼女が、私に挨拶をしようとして立ち上がったときに感じられた、その存在の温かさ、愛情のこもった眼差しと、霊的エネルギーは、まさに圧倒的なものでした。上の世界では、数えきれないほどの存在が皆仲良くしているようなのに、この文明では、社会意識とそのすべての差別がどうにもならないのはなぜだろうと考えてしまいます。

アメジストのクリスタル・スカル(水晶ドクロ)

私がアメジスト(紫水晶)のスカル(頭蓋骨)と出会ったのは、一連の出来事を通じてでした。私は、友達から、シカゴに住んでいる女性が、目に見えないネガティブなエネルギーに対処するのに苦しんでいることを聞かされました。私は、こうした影響を癒す訓練を受けていたので、力を貸して欲しいと頼まれました。その時は、私は自分がどんなことに足を踏み入れようとしているのかわかっていませんでした。そのエネルギーは複数の層で構成されていて、その中にはエイリアン・グレイの影響も入っていました。

その女性のグループは、クリスタル・スカルを持っていて、そこから出ているエネルギーに手こずっていました。クリスタル・スカルは立派な増幅器だったのですが、時々その周りに、癒しを必要とするエネルギーが漂っていました。私が彼女に電話をかけると、彼女は、「あなたが、このクリスタル・スカルの番人です」といい、私のことを正確に言い当てたのです。そのグループは、私が現れるビジョンを見ていて、そこで、二番目に電話をかけてくる人物が助けとなり、そのクリスタル・スカルの新しい番人になるだろうといわれました。

その世界が告げたように、私が二番目に電話をかけた者でした。ただ私自身、それを望んでいたかどうかは、複雑な気持ちでした。

ここＥＣＥＴＩにあるエネルギーは非常に高く、すでにバランスが取れており、クリアなものでした。覚醒と癒しのプロセスを拡大し、加速させる周波数や振動数を作り出すエネルギーを維持するのが、私の役目でした。私は、そのクリスタル・スカルが時々、善意を持たないエネルギーを引き寄せるようだということ、そしてシカゴのそのグループが、愛と思いやりの心を持たない限り、彼ら自身でクリスタル・スカルを扱えないことも知っていました。

後日、私自身がプレアデス人とコンタクトしてわかったのですが、私がそのクリスタル・スカルを再び入手することはまったく問題がなく、私の運命の一部であるというのです。私は、なぜ、「再び」という言葉を使ったのか尋ねました。

彼らは、「**あなたは以前、アトランティスより前、レムリアの時代にクリスタル・スカルを使っていました。それはプレアデスの波長に合うよう調整されています**」と答えました。

パウーリという名前のそのクリスタル・スカルは、魂が進化した女性が届けてくれました。彼女の所には宅配便で届きました。彼女は、精神性の高い女性数人と一緒に、寄贈品を持ってECETIにやってきました。クリスタル・スカルが到着すると、私は、プレアデスのティーチャーたちからと同じサイコキネシス（念力）の信号を受け取りました。私は、到着したらすぐに埋めるようにといわれていました。私は事前に穴を掘っておいたので、スカルが到着するとすぐに地中に入れました。私たちは事前に、埋める場所を探し当てており、そこの土壌には、結晶化しつつある新しいアメジスト（パウーリはアメジスト）がたくさんあることにも気づきました。クリスタル・スカルは、高次の意識とエネルギーを扱う送受信機であり、それが土地をプログラミングしているといわれました。クリスタル・スカル自体も浄化を必要としており、その代わり、四大元素を浄化してくれるとも教えられました。

それから3日後に、パウーリを地面から取り出しました。パウーリは見た目が変わって、写真に写った通り、キラキラと金色に輝くようになっていました。本当にくつろいで、この場所のエネルギーを愛しているようでした。パウーリが地中にいる間、300キロメートルほど離れたシアトルの近くで地震がありました。

水に浸されるクリスタル・スカル

パウーリの次の移動先は、水の中でした。ECETIの敷地には滝があり、私たちがパウーリを置くと、水だまりが渦巻きました。次の日、敷地の上空の雲が渦巻いてきて、土砂降りの雨になりました。土地も乾いていて雨が必要だったとはいえ、私はあんなに大粒の雨が激しく降るのは見たことがなく、非常に不自然でした。しっかりした見識ある人間として、この出来事を〝興味深いこと〟として保留にしました。

水のセレモニーの後、私たちはパウーリを外に出して、ピラミッドの隣のデッキに置くことにしました。その直後から、風が強まり、あちこちに小さな竜巻が発生し、網戸を通って家の中にまで入ってきました。パウーリとそれにまつわる出来事に関する、私の〝興味深いこと〟ファイルはいよいよ大きくなってきていました。

最後は、火のセレモニーでした。私たちは大きな焚き火を起こし、パウーリを安全な距離だけ離して焚き火の前に置くことにしました。その晩、私たちは、焚き火の周りで瞑想をしました。それは、チベット系のヴォルテックス瞑想と似ていました。それが終わる頃、空が光り始めました。その時、ＥＣＥＴＩ上空に、真ん中に穴の開いた大きな雲が浮かんでおり、私には光のシンフォニーとしかいいようがない――雲の間をきらめく閃光が素早く移動する現象が起こっていました。それは稲光や雷も伴わず、きらめく閃光が人類を導く知性を持っているように見えました。そこにいた人たちは皆、その様子に畏敬の念を抱きました。

火は、聖霊《スピリット》とも関係があります。聖書の中で、〝火で洗礼を授ける偉大な者がやって来る〟とイエスについて言及している箇所があります。また、火は、稲光や電磁気のエネルギーにも関係があります。パウーリは自然の力を使っていたのか、または高次の存在が降りてきたのでしょうか。内観してその答えを見つけることは、読者の皆さんに委ねたいと思います。

パウーリの突然の出発

〝パウーリというクリスタル・スカル〟の前の持ち主が私に電話をかけてきて、ＥＣＥＴＩ

を再び訪れるといいました。私は瞑想中に、カゼキエルから、クリスタル・スカルは私の元を去ることになるので愛着を持たないようにと、情報を受け取っていました。前の持ち主はアイデンティティーの危機に見舞われており、クリスタル・スカルの番人、保護者としての愛着があまりにも強すぎるのだともいわれていました。番人、保護者としてのアイデンティティーを失うことは、彼女のすべてを奪ってしまうので、彼女はパウーリを手放せません。パウーリは、彼女にとって個人的な問題に直面する上で精神的な支えであり、気晴らし、気を紛らわせるものなのです。その支えがなくなったとき、一人で問題を直視することが手に負えなくなったのです。番人、保護者としてのアイデンティティーを取り戻すことは、彼女のエゴが生き残るために、重要なことでした。

クリスタル・スカルを取り戻すことを正当化するためなら、彼女は私の仕事やECETIの人たちの仕事を悪者扱いし、非難することもいとわないだろうと、私はいわれました。彼女がECETIの敷地に足を踏み入れた途端、彼女の問題のすべてが表に現れ、カゼキエルが警告した通りになりました。

彼女は絶えず、人のやる気を台無しにしたり、ネガティブな考えを投影したりするので、一緒にいるのはすごく難しい人でした。そのエネルギーは、ECETIに関する良いことすべてを蝕んでいるようでした。ある夜、彼女は私のところに来て、面と向かって、「クリスタル・

スカルの番人はあなたではない。私です」といいました。自分こそが唯一無二のクリスタル・スカルの保護者だというのです。さらに、私に対して、クリスタル・スカルへの執着が強すぎるともいいました。クリスタル・スカルに起こったことはすべて彼女に知らせること、つまりスカルから発信されたあらゆる導きや情報を、電話、ファックスなどで連絡するようにと、要求しました。

彼女が話し終わるのを待ってから、私は、「あなたは私と皆の前で、クリスタル・スカルはここに来る運命であり、私がその番人なのだといいました。一度ではなく、皆の前で何回もいいましたよ。私は最初、受け取らずに、あなたの抱えていた問題が私たちの問題とならないように、受け取るかどうか、まず瞑想したいと、あなたにいいましたよね」と話しました。

彼女が以前、クリスタル・スカルを大きなハンマーで破壊しようとしたときも、思いとどまるように強く助言しました。しかも私は、「それは増幅器なので、ここに持ってくれば浄化してあげます」と伝え、その目的は達成されました。そして彼女のグループや他の人たちも、クリスタル・スカルはECETIに置くべきだと同意したことを、再度、思い出してもらいました。私は最後、彼女にこういいました。

「ここにあるエネルギーは、このクリスタル・スカルと同じように、すべてを増幅させます」

「名声やアイデンティティーを求めることが、あなたのクリスタル・スカルへの執着であり、

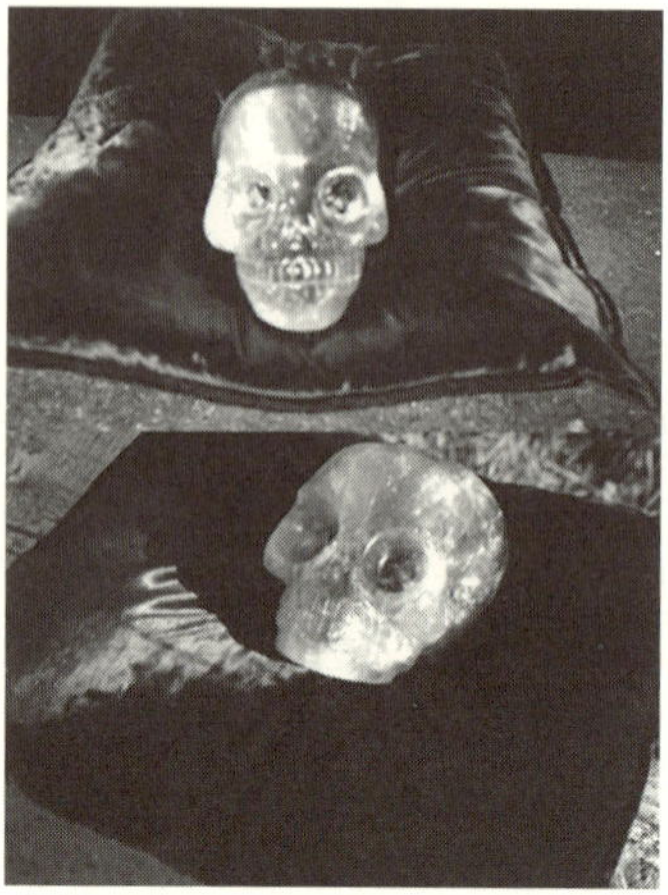

クリスタル・スカル

それが投影されています。私はスカルへの執着はありません。スカルは水晶の増幅器であり、知恵の所有者ですが、私たちもまた、水晶の増幅器であり、源《ソース》自体までさかのぼる知恵の所有者です。私は、自分の中にすでに存在するものにアクセスするために、石は必要ありません。クリスタル・スカルを持っていきなさい。それが最初からあなたの目的だったのですから。それを手に入れるのに、私やＥＣＥＴＩを悪者扱いする必要はありません」

「スカルは前よりもっと増幅されていて、以前のスカルではありません。あなたの癒されていないエネルギーはすべて十倍に増幅されることになります。これは脅しではなく、純然たる事実です」

彼女はパウーリを持ってＥＣＥＴＩを去りました。その後、彼女は、私の友人である別の女性をクリスタル・スカルの番人として指名しましたが、そのことは黙っておくように、私には教えないようにと約束させました。彼女が選んだ女性は、ECETIと非常に深いかかわりを持っていたのですが、クリスタル・スカルの所有者になったことで、私との仲を引き裂かれることになりました。権力や他人からの評価を求めると、多くの場合、自分の内にある真の力、自分自身の神とのつながりから分離してしまい、スピリチュアルの道に集中できない原因となります。

それから数カ月後、この所有者は、私の友達に、完全に言いなりになるよう求めましたが、私にしたのと同じように悪魔扱いした後、再び来てパウーリをシカゴに持ち帰り、銀行の金庫に閉じ込めました。その銀行とシカゴの街に、何が起こるか興味津々です。

パウーリは、ECETIでの滞在を満喫していましたし、私たちは四大元素を使って楽しい時間を過ごしました。パウーリが活性化するのは、正しい意識で扱う時のみです。ECETIが彼の休息場所なので、いつの日かまた、この地に戻ってくるでしょう。

すべての経験において、私たちには選択肢があります。人類と地球にとって最も高尚で相応しいことを目的の最優先に据えながら、すべての経験から学び、過去を癒すことができます。

ゆるしが鍵になります。経験から知恵を得て、溜め込んでいたものを手放し、それを知恵として魂に取り入れるのです。エゴと聖霊《スピリット》の戦いは、なかなか決着はつきませんが、長い目でみれば、聖霊《スピリット》が勝者になります。私たち人間は、苦しみを長びかせるだけです。

裁判所、そして街での戦い

養育費を搾り取る恐喝は継続していて、三度目の法廷が始まりました。私はまた、出廷を求める書類を受け取りました。地方検事による厳しい反対尋問の結果、彼らは、憶説や告訴の根拠となる証拠を一切持っていないことがわかりました。彼らが持っているものはすべて、過去に出された不正だとわかっている情報で、それは間違っていることが改めて証明されました。

それにもかかわらず裁判官は、リーン(担保権の一種)を設定する法的手続きがすでに取られていたため、詐欺だとわかっている情報に基づいていたとしても、私はリーンを支払わなければならないと判断しました。地方検事は、リーンが不正なデータに基づいたものだと知っており、福祉局も情報が間違っていることを知っていました。裁判官の手元には、私の職務内容や収入に関する数値は、疑う余地もなくねつ造されたことを示す、前の2回の裁判所文書もありました。しかし、裁判官は、私の月給を差し押さえられるようフルタイムの仕事を得て、リーンを返済するよう判決を下しました。加えて、ワシントン州によれば、牧師、作家、プロセス指向のセラピストは、職業ではないのです。圧政や隷従が、いまでも、ここに生き残っているのが明らかです。

私が裁判所で戦っている同じ時期に、他の人たちは別のところで戦っていました。シアトルで開催された世界貿易会議（WTO）会議です。WTOと、ニューワールドオーダー（NWO。新世界秩序）、国際的な金融ファミリー、巨大企業の後ろにいる真の勢力、そしてWTOが、シアトルでの開催を決定しました。彼らはただ、利益、欲、企業の永続化に基づいて未来を決定するために集まっていました。これまでと同じように、彼らの計画の多くは、人類と地球に壊滅的な影響を与えるでしょう。

シアトル市民や世界中から集まったや人々は、さまざまな行動で、主張しました。祈りと瞑想により平和的に抗議する人たちは、オーク製のバットや、群衆制御用の武器を持った軍隊は言うまでもなく、ゴム弾、催涙ガス、唐辛子スプレー、その他実験的有毒ガスで迎えられました。暴力的な抗議をするのはとても小グループであったにもかかわらず、メディアの注目をすべて集め、警察から目こぼしされる一方で、平和的な抗議をする者たちは、殴られ、ガス攻撃され、投獄されて、刑務所内で多くの残虐行為を受けました。これは、体制がどれほど腐敗しているか、軍、政府、地元警察を支配しているのは誰であるかを、人々に示す警鐘です。

圧倒的多数の市民の意思にもかかわらず、WTOは会議を開きました。道を開放するようにという命令が、大統領から出されました。国の大統領や国会議員、知事や市長、警察署長に手紙を書くことは、オオカミに、率いる群れにニワトリを食べるのを止めるよう命じろと書くようなものです。しかし、ほとんどの人たちは、自分たちは発言権を持っている、これは民主主義であり、リーダーは市民に仕えるのだと信じています。しかし、政治のリーダーは企業に統治されていて、職業政治家に献金するのは、それらの企業なのです。

ＮＷＯは、ＷＴＯを我が物とし、ＷＴＯはほとんどの政治家を我が物としています。政治家は、あなたに有利な法律を可決し、あなたの権利を擁護し、あなたの発言権を認めるためにいると思いますか？　そのような人は、公然と物理的に暗殺されてしまい、彼らのキャリアは非常に短いものでした。今日では、救済者たちは、若くして死んでいます。

シアトルでの抗議活動は、これからの、より大きな嵐の火花です。これは、より高い意識へ進化するプロセスの一環なのです。いま、世界平和、人類愛、平等、個人の自由と、人類の繁栄は、生命への畏敬の念、神聖な生命の輪廻への尊敬の念と共に、復活しつつあります。それらを、人類が求めているからです。

いまこそ、リーダー、政府機関、ビジネス業界、そして宗教団体に、これらの基本原則を守らせるときです。私たちの未来は、それにかかっています。なぜなら、ＮＷＯやＷＴＯ、彼らの手先が作った道に留まれば、この文明が生き残ることはないからです。

ボサボサ頭のヨギからのヒーリング

私のワークに関する攻撃は、さまざまなレベルで続いていました。私のトラックは何度も破壊行為が行われ、明らかに、ゲームにされていました。彼らは、夜遅く、こっそりホイールナットをいじっていました。外に出て、何かおかしいと感じ、トラックを確認すると、走り出した後にちょうど外れる程度に、ナットが緩められているのを見つけました。

ある時、急いでいて、トラックをチェックするのを忘れたことがあり、3章で書いたように、高速道路でリムとタイヤが外れて飛んでいきました。この小さな見落としで、何百ドルもの損害を被り、予定外の出費だったので、しばらく徒歩で過ごすことになりました。ホイールナットを緩めるのは、UFO情報の隠蔽を継続したい輩が使う、標準的な警告手段の一つです。

ECETIから公道に出る私有道路の入口にある表札にも、ペンキで文字が書かれたことがあります。そこにはあらゆる罵り言葉が使われており、脅迫の文言も含まれていて、最後に「イエスは生きている」と締めくくられていました。近所の方の何人かは、この行為にうんざりし、そして激怒し、犯人を追跡して起訴しようといいました。私は、「何のために？ そのような思考プロセスの人間は、すでに地獄にいるのですから、気の毒です」と答えました。イエスが、神を冒瀆するような言葉を使い、個人的な所有物を破壊し、このような破壊行為の裏にある批判や糾弾を呼び起こすと考えるのは、意識を失っている状態と変わりがありません。

私たちが対応している問題の一つに、〝ケムトレイル〟があります。それはＵＦＯ会議の開催中に、ジェット機を使って上空から噴霧する大規模な生物兵器（有害な化学物質を含んだ雲となり長く残留する。ある勢力が目的をもってやっているという説あり）のことです。今では、全都市の上空で〝ケムトレイル〟を撒き散らしています。このため私は、医者が見たこともない腸内ウイルスをもらい、腸が破裂しそうなほど腫れ上がりヘルニアになりました。

今では、その生物兵器について知っていますし、彼ら闇の勢力が、友人チョイにやったように、〝サイコトロニクス〟やＨＡＡＲＰ（高周波活性オーロラ調査プログラム）で生物兵器を活性化させている方法も知っています。私は自分にエネルギーが向けられているのを感じたことも、何度かあります。彼らは私の部屋を標的にし、まるで自分が放射能や電磁波で攻撃されているようでした。そのため私は、夜、寝る場所をよく変えるようにし、それはうまく行ったようでした。これらのエネルギーは、明確に家の特定のエリアに集中していたので、そのエネルギーは機械的なものであると思うようになりました。他にも彼らが、特定の周波数、特にスピリチュアルに覚醒した人たちを正確に見つけ出し、遠隔地から、吐き気を引き起こさせたり、死に至らしめるエネルギーを送ることができるという情報を教えられました。

ＵＦＯを調査する多くの人たちが、秘密を公開する直前に、驚くほどの速さで癌や心臓発作に倒れていました。私も体が機能しなくなり、自分でハーブやスピリチュアルなテクニックを使ってみても、これ以上動けないところまできていました。私は深い瞑想を行い、神とマスターに、今後もあなたたちに仕える運命であれば、出来ることをしてほしいとお願いし、神の計画に合致するのであれば、それが終焉だとしても、何でも行うことに同意しました。私はひどく具合が悪くて疲れきっており、これ以上進み続けることはできませんでした。

行政が私から、ＥＣＥＴＩ以外のすべてを奪い取っていったため、私の金銭的な資産はすべてなくなってしまいました。他に頼るものがない私は、完全に聖霊《スピリット》に身を委ねました。するとすぐに、ある存在を感じ始めました。それは非常に強力で、完全には姿を現していませんでしたが、透視のような形でボサボサ頭のヨギの姿がうっすらと見えました。彼が私の体の患部の上に手をかざして、輪を描くように回し始めると、私は内臓の中でエネルギーが渦巻くのを感じました。患部の痛みと腫れは即座に引いていき、他の患部では、物体が実際に、私の体から出て行くのを感じました。ようやく私の祈りが届いたのです。

完全に回復したとはいえませんが、私は健康になりました。6日のうちに体の残りの部分も回復するので、引き続き自分のやるべきことを続けるよういわれました。インドに行くべきかと、ヨギに尋ねると、**「あなたの仕事はここにあります」**といわれ、私は納得しました。

そのボサボサ頭のヨギの名前は知らないのですが、サイババだという人もいます。脚光を浴びる人は誰でもそうなのですが、サイババについては賛否の分かれるところであり、彼を神と呼んだり、チャイルド・マレスター（児童性虐待者）やペテン師と呼んだり、さまざまな話を聞いています。つまり、覚醒した人たちは、超能力やスピリチュアルな能力を持つこともできますが、同時に、人生のある側面で、教訓を学ばなくてはいけない場合が多くあります。

私ができることは個人的なスピリチュアルな体験だけですが、皆それぞれ噂ではなく、自分の実体験に基づいて心を決めなくてはなりません。もちろん私は自分が受けた癒しに基づいた考え方を持っていますが、それでも各個人が、それぞれの神とのつながりを構築することが必要不可欠であると常々いってきました。しかし、そのつながりを作る中で手助けを得ることは、悪いことではまったくありません。

古代エプトの女神、マアト

私は、聖母マリア、ブラジー、ハトホル、そしてその他の聖なる女性エネルギーの存在たちと、常にコミュニケーションを取っていました。私のスピリチュアルな進化の過程の後に現れたのは、神聖な女性の愛の祝福で、それは圧倒的なものでした。それはまるで以前も体験したかのように懐かしい感じがしました。私はいつもエジプトに惹かれていて、ブロンズ色で筋肉質の体、白い頭飾りをかぶり、腰に白いサロンを巻いた自分の過去世の記憶が蘇ってきたことが、何度もあります。私は太陽の光のぬくもりを体に感じながら、素敵な人生を送っていました。太陽との強いつながりを感じていたので、スピリチュアルなエネルギーは太陽から出ていることを知っていました。太陽がなければ、すべての生命は息絶えてしまいます。それは、私の神とのつながりでした。

——私は旅行中で、セリーナという友達の家に泊まっていました。彼女は非常に才能ある占星術師で、サイキックでした。私たちはよく占星術について語り、いつも彼女に「星の影響と自分の自由意思、どちらが優位に立つのですか」など、挑発するような質問をしていました。彼女の答えは、「優先するのは自由意思ですが、星はあなたの決断に影響を与えます」というものでした。さまざまな形式の占星術について、それらの天体暦と惑星の位置が一致していないことにも質問しました。彼女は、ヴェーダ占星術は実際の惑星の位置と一致してるけれど、他の占星術は過去に作られたり、変えられたりしたのだと説明してくれました。私は、あるべき場所にない惑星が、どうやって私たちに影響を与えるのか、ずっと理解できなかったのですが、ついに、その疑問に答えてくれた人物(セリーナ)が現れました。

彼女が用意した美しい祭壇の前を通ると、古代エジプトの女神マアトの絵が目に入ってきました。私の足がとまり、その絵に釘付けになると、背中がぞくっとしました。その絵のコピーを手に入れ、瞑想をし、彼女と自分の過去のつながりを確かめなくてはいけないと確信しました。セリーナはレーザープリンターでその絵をコピーし、私に送ってくれました。その絵が届き、すぐに封筒をあけると、その絵を見つけたときと同じようなゾクゾクとした感じが背中に流れてきました。写真を自分の前に置き、目がぼやけるまで見つめました。

気がつくと、彼女と意識が調和していた過去の記憶が完全によみがえり、マアトとの再会を果たしたのです。愛が波のように押し寄せ、これ以上の愛に包まれたら、私が死ぬか、次元上昇し、二度と戻らないと感じるまで、振動数が急激に上がりました。

私は意識を、今この場所、そして自分の肉体に戻しました。愛が私に流れ込むのを感じていましたが、それでもまだグラウンディングしていたので、同化するのは容易でした。害のないことはわかっていても、これほど激しい愛の波動の前にいるのは圧倒的なことでした。しかし、その愛に適応しなくてはいけないとわかっていました。

その愛は、私が地球上の人生の中で、探していたけれど、見つけられなかったものです。事実、聖霊《スピリット》の愛に勝るものはありません。いつの日か、地球に現れるかも知れません。上なる如く、下もまた然り。マアトはよく、羽をつけた存在として描かれます。天秤の二つの皿の、一方にその羽、もう一方に死者の魂を載せ、その魂が天国に行けるかどうか見極めるといわれています。それは、私たちは皆、心を軽くしなくてはいけないという、メッセージだと思います。

地球のための偉大な計画

現在のあらゆる立場の指導者たちに、完全に愛想が尽きた後、私はまた終日、瞑想を行うことにしました。いつものとおり、高次元にいる友達が外と内に現れ、コミュニケーションを取ってきました。心の中で見せられたのは、権力と富を渇望し、すべての人々や物をコントロールして所有するまでやむことのない、エリート層の目論見でした。

私は、覚醒も、終焉も見せられました。彼らが、振動数の上昇が起こる最後の時に、どうして持ちこたえられなかったか、支配を維持するために、いかにして侵略的で致命的な技術に頼っていったのかを見せられました。まるでカルマのすべてが襲いかかったように、態度、感情や行動のすべてが巨大に増幅され、彼らは健康を損ない、急激に老化していったのです。

覚醒と癒しのプロセスを阻止するために使われているすべてのテクノロジーは、彼らが想像もつかないほど高度でスピリチュアルなテクノロジーで、やがて無効化されます。彼らがこれまで蓄積し、大衆から隠してきた、ヒーリングのハイテク技術さえも効果はありません。なぜなら彼らが忘れていること、それは、意識が病気の根本的な要素だということです。どの病気にも、精神的、感情的に対応するものがあって、体が機能しなくなるのです。また、計画がうまくいかないと、何人もの人が発狂することも教えられました。

私は、マスター・ヨシュア・ベン・ヨセフ(イエス)と、色彩鮮やかなローブを着たマスターの一団が行進を始める様子を見ました。さらに、スピリチュアルとテクノロジーの面で高度に進化したETが役割を担い、地球のグリッド上に宇宙船を配置し、地球全体をパワーアップさせる準備をしている様子も見ました。彼らは創造エネルギーをフル活用しました。それはブラック・プロジェクトや、闇の心を持つ人間たちが地球上で開発しているパワーや能力をはるかに凌ぐものです。私は、そのうち状況の反転や内部崩壊が起こるといわれました、いわば、すべては自業自得なのです。とてつもない光の波が押し寄せてくると、自分を肉体と自我にしか考えられない、物質主義的な心の人はうまくやっていくことができず、そのレベルのマインドは終焉を迎えます。独裁的な権力が他者をターゲットにしたように、最後の日には、エネルギー的にターゲットにされるだろうとも教えられました。

神と個人的につながり、他者に力を与え、覚醒と癒しのプロセスにおいて私利私欲を捨てて奉仕した者だけが、そのプロセスを通して、意識を理解し、維持することができるのです。

独裁支配は、なくなるでしょう。高度な意識と環境を維持することが、現代における新しい秩序になります。何千年と続く平和が地球に訪れることになります。これは第五の世界、神の時代のための準備期間であり、私たち人類は、今後やって来るワクワクする時代に向けて、スピリチュアル(霊的)、精神的、感情的、肉体的に備えておかなくてはなりません。

異星人の視点

「異星人が存在するのなら、なぜ彼らは、ホワイトハウスの庭の芝生やスーパーボウル開催中のグラウンドに、着陸しないのですか?」という質問をする人が大勢います。

その答えの理解を助けるため、高度に進化した異星人の観点から質問を考え、最高位の大使であり銀河連合のキャプテンである、ハリアルに神話的なインタビューを行いましょう。

「私はハリアル。私たちが調査のため地球を訪れたとき、今でも理解しようとしている興味深い儀式に数多く出会いました。初めて地球に来たときに見たのは、多くの人が幾重もの輪になって集まっているところです。その形は共通の利益のため、エネルギーと人々を一つにするのに適しています。彼らは、芝生に座っているほかの人間を見つめていました。

その人間たちは二つのチームに分かれ、死んだ動物の皮に空気を入れたものの所有権を争っ

てお互いに激突し、出来る限りのスピードで走り回り、相手に出来る限りのダメージを与えようとしていました。幾重もの輪の中にいる人間たちも二つに分かれているようで、どちらかのチームを応援していました。

その間、彼らは私たちの分析によれば、別の動物の腸に肉を詰めたものを食べていました。その肉は、2チームが所有権を争っている皮の元の動物のものでした。さらに彼らは、抑制剤であり、奇妙な振る舞いを引き起こす利尿作用の高い液体（アルコール）も飲んでいました」

「他のときには、同じ円形の建物の中に彼らが座り、別の人間が、剥製の動物の皮に詰めたものを木製のスティックで叩き、円を描くように走る様子を見ていました。これは古代スーフィーの儀式なのかも知れません」

「彼らはまた、別の大きく膨らませた動物の皮の所有権を争い、それを上に放り投げて輪を通していました。

別の所では、死んだ動物の皮を交互に蹴っていました。私はその様子を見て、彼らはその動物がすでに死んでいることを知らないのだろうかと思ってしまいました。なぜ彼らは円になって集まっておきながら、分かれたり、死んだ動物を巡って争って偶像崇拝を行うのか、理解できません。彼らは競争・支配・統制に取りつかれているようです」

「私たちは、これら原始的な人々の指導者を見つけることにしました。私たちのスキャン装置が、政府の中心だと示した、大きな白い建物に行きました。知的存在や高潔さを求めてスキャンしたのですが、私たちがそこで発見したのは、汚職、不正行為、麻薬、セックスへの執着、人類と地球に対して害を及ぼす行為、さらに彼らがけしかけた戦争の当事者双方に武器を売りつけることさえ行うという長い歴史でした」

「地球の人間たちは、どうやらこういう行為を、崇拝し賞賛しているようです。なぜなら指導者は、彼らの意思を反映しているからです。より高い地位の権力者を探していくと、エリート層に突き当たりました——彼らは密室ですべてを動かしている一握りの家族です。私たちのスキャンによれば、彼らの世界は、彼らの権力と物質的な富への欲望はとどまるところを知らず、汚職はさらにひどくなり、すべての人、すべてのモノを所有し、支配するまであきらめません」

「私たちは、プロテクター、つまり市民を守ることを誓った者たちを探すことにしました。まず、軍隊と警察などを当たりました。そこで発見したのは、彼らもまたエリート層に支配されていて、エリート層の計画に協力しているということでした。その協力内容が、大量虐殺や自分の家族や友達に危害を与えることだとしても、彼らはエリート層が指示した相手に対して殺傷能力のある武器の使用をいとわないのです。それは、神と国家に対するある誓いと関係していました。神を利用し、神の意思と関係させて、他の人間を殺し、その国にいる者の自由を抑圧し、痛み、苦しみ、損失を生み出すことが、どうして国に役立つのか、私たちは理解できません。私たちが思うに、それは支配と統制への崇拝と関係があり、それを間違って知性や権力に結び付けているのです」

「私たちが発見したのは、人間は死んだ動物の皮を支配しているものよりも、崇拝しているものがほかにある――それは緑色の小さな紙片（紙幣）です。彼らの思考プロセスのほとんどは、これら緑色の小さな紙片に支配されていました。彼らは行動やエネルギーでさえ、ほとんどこの紙片を手に入れることに費やしていました。わずかに残されたエネルギーは、主に配偶の企ての失敗のために使われるのです。私たちが理解できなかったことは、多くの人々がこれらの緑色の紙片に、彼らの生存がかかっていると信じていることです」

「エリート層は、これらの小さな緑色の紙片を支配し印刷していました。私は、市民が緑色の紙片と有形資産価値を持つ現金、商品または不動産などを交換していたことに驚きました。

地球の人間たちは、その紙片のために環境を破壊し、お互いを殺しあうことさえ行っていいました。フリーエネルギーを活用した大気、水、および土壌の浄化を支援する試みは、これまで激しい反対にあいました。これまで私たちは何人かの人間を選び、健全な社会と環境作りに必要な、宇宙の基本的原則を教えたこともありました。私たちが彼らにその教えを説く役割を与えて地球を去った後、他の者たちは彼を殺し、自分たちの都合の良いように彼らのメッセージを変え、それに基づいた宗教を作ったのです。私たちは彼らに私たちのやり方を教えました。それは進化において大きな飛躍をもたらしたはずです」

「私たちのリーダーは、彼らのスピリチュアルな意識と献身的な奉仕の姿勢によって選ばれます。私たちは、子供たちの固有の目標を尊重し、彼らの才能を伸ばすために必要なことはすべて提供します。子供たちは、命には分離がないこと、すべての命を尊重し、万物の創造主に仕えるよう教えられています。彼らは喜んで社会を共有し、社会に還元します」

「私たちは物質的な欠乏状態のすべてを超越し、豊かに生きています。地球上で、この知識を共有するすべての試みは、激しい抵抗を受けてきました。私たちが三角形の宇宙船に乗って現れても、結局、彼ら地球人に接触することはできませんでした。なぜなら彼らは別の三角形つまり犠牲者——救世者——迫害者の三角関係にとらわれ過ぎていたからです。彼らは自分たちに投影された役割に疑問も持たず、無限にそれを演じ続けるのです」

「別の好意的な異星人たちが地球に訪れたとき、彼らもまた人間の不誠実さ、暴力、悪意に直面しました。地球のすべての人間が望んでいるのは、高度な兵器を入手し、所有と支配をさらに推し進めることでした。私たちは、地球の人間とはかかわるべきではない、さらなる調査が終わるまで距離を置くことにしました。私たちはその太陽系を隔離し、他の者たちに地球への着陸、およびこの原始的な社会への関与をやめるよう警告を発するビーコンを設置しました」

オーブ、光の球体、そして宇宙探査機

ＥＣＥＴＩで起こる現象の一つに、オーブ、光の球体の出現があります。光の球体は、日頃から、ＥＣＥＴＩを訪れる人たちの手で写真に収められています。肉眼で見える人もいれば、そうでない人もいますが、フィルムに収められたものは全員が見ています。紫色やエレクトリック・ブルーのオーブが、地面からビューッと素早く動く姿を目撃するのは珍しいことではありません。ここに来る方の多くが、瞑想やインスピレーションをもらえるような本を読んで

ECETI で撮影されたオーブ

いる最中に、オーブを目撃し、触発されています。

私が深い瞑想をしているときのこと、8歳だった甥が、私の頭の上に浮かんでいる金色のオーブを見つけました。私は甥に、オーブを調べて何が見えるか話してくるよう頼みました。イエスが見えるというので、イエスは何をいっているのかと尋ねると、「神は愛。それだけです。神は愛。そう繰り返しています」と、答えました。その時、私はイエスとテレパシーで交信していました。

光の球体は、よく天使やＥＴと結び付けられます。ギリシャ正教の定義によれば、天使は、ヒーリング、テレパシー、顕現能力、バイ・ロケーション(同時に複数の場所に存在する)、または同時に複数の場所に存在するなど、超人的な能力を持っています。天使は、飲食もすれば、寝たり、喧嘩したりもします。彼らは、金色に光る球体として現れることが知られています。

私は、他の次元や界層との境目が薄くなり、融合し始める中、多くの人たちがこれらのオーブや光の球体を体験していることがわかりました。

これらのオーブ現象に関しては懐疑的な人たちが多く存在し、その主張は、ある状況では正しい場合もありますが、ほとんどの場合、正しくありません。この光の球体は光り輝いていて、枝がオーブに影を落としながら木立の後ろを動き回っている様子が見られます。この現象が、オーブは物質であり、カメラのレンズに付着した埃の粒子や水滴ではなくカメラから離れた場所で浮遊していることを証明しています。

オーブにはさまざまなサイズ、形状、色があり、知性を持っています。その姿は屋内で撮影された写真もありますので、雨や雪、または埃の粒子ではないかという主張も覆しています。

さらに、あるフレームにはオーブの姿が写っているのに、別のフレームには写っていないので、それらがレンズに付着した水滴ではないことを証明しています。

オーブは、柔らかいエネルギーに非常にひきつけられます。オーブを一番引き付けるのは、女性や子供たちのようです。オーブは思いのままに呼び出すことも可能で、オーブを呼び出す前と後に撮った写真を見ればわかります。呼び出す前に撮った写真にはまったく写っていません。常識と理性があれば、これらの現象に何かがあることはわかるはずです。

ＥＣＥＴＩの牧草地では、超常現象が多く目撃されています。訪れた人たちは、例えば、大

プラズマフィールド・オーブ

きな金色のエネルギー体の後を、青いエネルギー体がついて回る様子や、緑色をした奇妙な光と、空に伸びたはしごのように見えるものを撮影しています。

最も興味深い出来事の一つは、ある日、焚き木を処理しているときに起こりました。

私が友達と一緒にホースで焚き木に水をかけていると、何かの存在を感じました。何かが私たちを観察しているので、そこに焦点を合わせじっと見つめると、それは12メートルほど離れた小さな茂みの後ろにしゃがんでいました。私たちが見つめていることに気づくと、それは立ち上がりました。その姿は、身長120センチメートルより低く、茶とオレンジが混じった色をしていて、光り始めました。その体は透き通ってきて、光の体（ライトボディ）を包む血管のようなものが見えてきました。そして、その存在は消えました。

私は友達に「今の、見た？」と尋ねました。

「今のは何だったの？」と、彼女は返事をしました。

私は自分の目撃したものを確かめるため、彼女に何を見たか尋ねました。

彼女は、「私には、オレンジ色の小さな物体が立ち上がり、光り始めて消えていく直前、血管のようなものがあるのが見えたわ」と答えました。

その土地は、高い振動数とヴォルテックス（パワースポット）のために、いつも超常現象が起こっています。私は、そこにいるものと起こることの正体をすべては知っているわけではないですが、一つわかっていることは、私たちは巨大な宇宙に住んでいて、私たちとは大きく異なる文明がある、別の界層や次元が存在しているということです。中には、私たちの目に見えない状態で、すぐ側に存在しているものもいます。ＥＣＥＴＩでは、別の世界との境目がとても薄いため、別の世界や存在が経験でき、ときには写真に収めることができるのです。

スカイウォッチング、子供たちとマシュマロ

私たちは、宇宙船を直接見たいという人には、誰にでも牧場を開放することに決めました。エネルギーを統一して上昇させるため、夜、キャンプ・ファイヤーを囲んで誘導瞑想と打楽器

の即興演奏の会を開きます。これらはすべて、情け深く、スピリチュアルに高度な存在とかかわるために、必要なステップなのです。宇宙船は上空にやってきて、そこに集まっている人々のグループの意識をスキャンし、少し低い位置まで降りてきます。宇宙船は、恐れが感じられたり、グループの意識が統一されていないと感じると、上空の高い位置に留まります。

UFOを調査している多くの人たちは、懐疑的な態度でやってきて、証拠を要求します。

そこで私は、彼らに宇宙船の写真やビデオを見せて、証拠が欲しいのであれば、「自分で外に出て瞑想し、自分でお願いして下さい」といいます。「彼らが姿を見せるかどうか決めるのは、私ではありません。その決定要因となるのは、皆さんです。皆さんが彼らの意識レベルまで上昇しようとする意欲なのです。皆さんが努力する限り、彼らは手助けをしてくれます。彼らは自由意思につけ込むようなことはしません。皆さんの選択にかかっています」

懐疑的な人たちは、毎回、最初、がっかりするのですが、最終的に、好奇心が勝ることになります。遅かれ早かれ、彼らは晴れた夜空の下で瞑想を行い、ETに姿を見せてくれるようお願いします。そうすると、毎回その願いは聞き入れられ、彼らは自分たちの手で撮った写真、ビデオ、そして直接の体験を携えて帰っていきます。

さらに私たちは、彼らに、個人的なブロックやパターンを取り除く〝クリアリング・プロセス〟を体験してもらい、自分たちでテレパシーによるコンタクトができるよう、下地を作ったりもします。そのため、現在、ＵＦＯ調査員ではなくコンタクティーになっています。これは今後、彼らが行う公平な調査の妨げになります。なぜなら、彼らは、コンタクト能力を開発されたからです。そういう意味では、悟りを求める人たちにとって、一歩有利になりました。

これは軍にとって、いたちごっこの様相を呈してきました。彼らがヘリコプターやジェット機を送り込んでくると、私はＥＣＥＴＩのゲストに、「我慢して下さい。彼らが去れば、ＥＴは戻ってきます」といいました。ＥＴは、軍とはかかわりを持ちません。彼らは軍を相手にせずただ正道を進み、去りました。私たちが繰り返しいわれたことは、ＥＴは、地球に降り立ち、人類を支援したいと望んでいますが、人間が集団として平和を選択し、地球外からの訪問者への扱いを変えない限り、彼らは、意識の低い、悪意のある人たちにとって、現れたり消えたりする幽霊のような存在であり続けるということです。

私は、ある日、ブラジーに、ＥＴにとって〝リバースエンジニアリング〟によるテクノロジーを入手した軍は脅威となるのですかと質問しました。彼女は、脅威ではないと答え、無線誘導された軍用機に対する、彼女の宇宙船の完全な制空権を示してくれました。その軍用機が近づくと、彼女の宇宙船は姿を消し、軍用機が横を通り過ぎると同時に、テール部分の後ろに再度現れました。そして軍用機の排気管を吹き飛ばすと、もうもうと立ち込める蒸気の中に宇宙船は姿を消しました。その時の、軍のパイロットのリアクションが見たくてたまりません。

何度も目撃してきて、一番面白い現象は、子供の無邪気さがETに与える影響です。私は、甥や姪、友達の子供たちを、瞑想会や、打楽器の即興演奏の会に、よく連れて行きました。

ある夜、私の友達の子供が、キャンプ・ファイヤーであぶったマシュマロを持ち上げて、「宇宙人さん、どうぞ。あなたのためにマシュマロを焼いてあげましたよ」といいました。すると、子供の無邪気さと心のこもったプレゼントにこたえて、3隻の宇宙船が下りてくるのを、そこにいた全員が目撃しました。それからというもの、マシュマロと子供は、スカイウォッチングにかかせない条件となりました。

一人ひとりが、もう一度、子供のような存在になることが重要だと私は信じています。彼らのような無邪気さ、畏敬の念、広い心を取り戻すべきです。神の国に入るためには、子供のようにならなくてはいけないという聖書の一節は、宇宙の国でも適用されるのかもしれません。

ETや、他の界層・次元で、私たちのすぐそばに存在する者たちは、私たちに混じって歩ける日を、辛抱強く待っています。しかし、お互いと、環境に対する競争と戦争を止め、そこが安全であるときにだけ、それは実現するのです。一部の特別な人間にとっては、それはすでに現実です。そうした人々の多くは、子供なのです。

追跡劇

ある朝、美しい日の出とともに目が覚めると、アダムス山から波状の雲が広がり、黄色、オレンジ色、スミレ色、そして紫色の光が差し込んでいました。私は両手を後ろに伸ばしてストレッチをし、澄んだ山の空気を浴びて、スッキリと目が覚めました。そんな美しい日でしたので、それが台無しになるようなことは起こらないだろうと、私は確信していました。

朝食の後、街に出ることにしました。トークショーの司会者シャインが、インタビューの後、私を車で街に連れて行くことになりました。アダムス山から街へ向かう、曲がりくねった州道141号線に乗って森を抜ける途中、私たちの後ろに白いBMWがいるのに気づきました。私はすぐに尾行されていると感じ、シャインに車を止めてBMWを先に行かせるようにいいました。彼女が車を止めると、BMWはとてもゆっくりと私たちを追い越し、その後、一気に通り抜けて行きました。私たちが次の曲がり角に来ると、BMWは止まって待っていて、再び後ろについてきたのです。これで尾行されているという疑いが決定的になりました。

そこで私はシャインに、川の側に停車し、そのBMWがまた私たちを追い越したその後、再び発進してBMWの後を付いていくように頼みました。そこから先には分かれ道があり、一方はホワイトサーモン方面、もう一方はフッドリバー方面に向かうものでした。

私はフッドリバーに行くことに決めたのですが、シャインには、「ウインカーは点けないで。速度を落とさずにＢＭＷがホワイトサーモン方面に入るまで待って、分岐点を越えたら右に急ハンドルを切るように」といいました。彼女はきっちり私の指示に従うと、私たちにはＢＭＷは急ブレーキを掛けＵターンするのが見えました。

私たちはまた、道路脇の林の後ろに車を停めると、あのＢＭＷが猛スピードで走っていくのを目にしました。シャインに車を出すようにいい、私たちは再びＢＭＷの後ろを走り始めました。私には、前の車のバックミラーに写った男性運転手の非常に悩んだ表情と、後ろで走っている車は私たちなのかと、確認している様子が見えました。

彼は州道14号線を左に曲がりました。その道がホワイトサーモンにもフッドリバーのどちらの街にも一番近いことを知っていたのです。私たちは彼の後を追いましたが、今回もシャインには、彼がフッドリバーへ渡る橋に乗るまでウインカーも出さず速度を落とさないようにいいました。もし彼が橋を渡るつもりなら、方向転換することはないだろうし、橋を渡らないなら、私たちがそのまま橋を渡ることになります。

ＢＭＷの運転手は、私たちが後をついてくるのか観察しながら、とてもゆっくりと橋を通り過ぎました。私たちが右に急ハンドルを切って橋に乗ると、橋を通り過ぎたＢＭＷは急ブレーキを掛け、14号線でまたＵターンをして橋に乗り、私たちの数台後ろを走ってきました。料金所を通りながら、私は係員に、「数台後ろにいる白のＢＭＷの運転手は今日一日ツイていなかったようなので彼の料金も払います」といいました。その係員は私のいうとおり、彼の料金を私から受け取りました。後ろを振り返ると、ＢＭＷの運転手が首を振りながら、ポートランドへ向かう州間高速道路84号線に乗っていくのが見えました。

私はシャインに、「楽しかった。今日はこのあと、どんなことが起きるのだろうか」というと、彼女は笑って、楽しそうに首を振りました。

そして彼女が、「あなたの一日の始まりは、いつもこうなの?」と聞くので、「いや、今日は最高にいい始まりだよ。誰にも奪われたくないね」と答えました。

私たちはよく、ＦＢＩを相手に遊んであげました。彼らが盗聴しているのを知りながら、私たちは電話で、彼ら全員が所属機関にかかわらず〝選択〟しなければならなくなることを話しました。その〝選択〟というのは、彼らが人類、神、国のために仕えるのか、または人類、神、国のことなどまったく気にしない一部のエリートグループのために仕えるのか、どちらかです。彼は魂の中でそれぞれ選択を行わなければならなくなります。私たちは彼らの盗聴に気づかない振りをしながら、彼らによくこんな話をしていました。

これまで一番おかしかったのは、例えば、今夜の午後11時に宇宙船が着陸して、彼らは私たちにテクノロジーを授けてくれることになっているという話をしたときのことです。午後10時

30分に、奇妙なトラックや車が牧場の東側に沿って停まっていたのです。牧場の北側にも、別の車が停まっているのが見えました。そこで私は、ぐるっと回って彼らの後ろから近づき、その牧場に住んでいる頭のおかしい奴らのことを見張っているのかと、尋ねました。

そして私は、「彼らをしっかり見張っておいて下さいよ。奴らは何を企んでいるかわかりませんから」といったものです。

あるとき、グッチの靴を履き、フォード製のピントに乗った男が、通信用のヘッドホンをつけていました。この辺りにしては、えらく着飾った服装でした。彼は川の東側に駐車して、何かしらの動きはないようだと、私たちのことについて話しているのが聞こえました。彼の横を通り過ぎるとき、私はこらえきれずに吹き出してしまいました。彼が私たちを見ると、私は振り返り、「マジかよ。フォード・ピント? この辺りじゃ誰もそんな車には乗らないよ。そんな当たり前のことも、わからないらしいな」といいました。

ラジオ番組「アートベル・ショー」

私はこれまでに、多くのラジオやテレビでインタビューを受けてきました。ジェフ・レンスの「サイティング・オン・ザ・ラジオ」という番組に出演したのが最初でした。その後、ABC、FOX、ヒストリー・チャンネル、そしてイブニング・マガジンなどが、ECETIで起きているUFO目撃談やコンタクトについて、非常に好意的に取り上げてくれて、メキシコやドイツでも放映されました。さらに私たちは、米国と英国の両方で、『UFOマガジン』の特集に、一度のみならず掲載されました。2000万人の視聴者を持つ「アート・ベル・ショー」への出演は、最高の体験だったといえるでしょう。最初に行ったイアン・プネットとのインタビューは上出来でしたが、UFOと超常現象に関するトークショーといえば、アートの番組が王様でした。そこへの出演は、メッセージを伝える千載一遇の機会だったのです。

番組前日の朝、ECETIに2機のワートホグという低空飛行する爆撃機がやってきました。その2機は完全に武装しており、母屋の上すれすれに飛び、翼を傾けていつでも攻撃できるのだということを見せ付けてきました。番組の冒頭で、「ジェームズは今夜出演しません。米軍機がECETIを爆撃しているからです」といわれるのを、私は聞いているわけにはいきません。この状況を説明するのは、すごく難しい。政府が〝存在しない〟という立場をとる異星人との接触を禁じる法律は、説明することも難しいのです。彼らが、架空の存在だと主張するものと接触した人を、どうやったら逮捕できるのでしょうか？

それは、フリーエネルギーの生成装置とモーターに対する、法律のようなものです。彼らは不可能だというけれど、誰かがそれを作ると、それを押収し、作った人を刑務所に入れる、あるいは、作った人とその家族が行方不明になる……。その一方で、環境は崩れ、大気、水、土壌は汚染され、外国にある石油のために、戦争をすることになるのです。これらのポイントはすべて「アート・ベル・ショー」で取り上げられました。

私はその時、人類の古代の先祖とUFOとのつながりについて話す機会を与えられました。ペトログリフ、ヒエログリフ、教会の壁のフレスコ画、聖書とその他の聖典のすべてが証明しているのは、現在の文明は、歴史的に、異世界の強い影響を受けてきたということです。私たちは、牧場に来た2000人以上の目撃者を取材し、中にはトップクラスの物理学者を含む研究者や目撃者たちを番組に招きました。さらに、ETから得た彼らの起源や意図に関する情報や、多くのコンタクト体験も紹介しました。

慈愛にあふれ、スピリチュアルとテクノロジーにおいて進化したETのことを、私は古代の先祖、スターネーション、または人類の偉大な家族と呼んでいるのですが、彼らが基本的に求めているのは、一つのこと——戦争と環境破壊をやめて欲しいということです。彼らの望みは、人類がスピリチュアルに進化し、環境をきれいにすることです。視聴者は皆、星からの大きなメッセージを待っていましたが、そのメッセージは、地球上のあらゆる文化的マスターが、何度も届けてきたものと同じものでした。

そのメッセージは、今回2000万人の視聴者に届けられましたが、あとは私たち次第です。番組は、アラスカで墜落したETの宇宙船の回収作業の一員だと主張する男性のせいで、遅れて始まりました。彼はインタビューを遅らせるための、サクラだったのです。番組の間、サーバーとウェブサイトはひどい攻撃を受けました。そのサーバーは、昔、軍のサイトを扱った経験から、セキュリティに熟練した男性が担当していました。サーバーは攻撃に耐えていたのですが、不思議なことに、電話会社が主要回線をシャットダウンさせてしまい、そのため通信は遮断され、サイトへのアクセスが出来なくなってしまいました。

それにもかかわらず、本やビデオの注文が殺到しました。そのメッセージは伝わったのです。私たちは、今回のインタビューは、「アート・ベル・ショー」史上最高とはいわないまでも、トップクラスの一つでした。アート自身も同じことをいっていました。いろいろな人たちが、そのビデオを見たときアートがどれほど興奮していたか、コメントしていました。そのビデオでは、宇宙船は光り、止まり、直角に方向転換をしたり、地上にいる人間に反応していました。宇宙船と人間との互いのやりとりの質は、否定できないものがありました。UFOには、さまざまな色や形があり、目を見張るような空中技を披露してくれました。さらに巨大な三角形の宇宙船もあり、それが異世界からの訪問者の存在、そして政府の秘密施設にあるリバースエンジニアリングで製造された機種を超えるものだということを証明しています。

私たちは、このメッセージを届けた後、支持は付いてくるだろうと願っていました。心の中では、皆、ＥＣＥＴＩで起こっている出来事の重要性、そして人類と地球の覚醒と癒しを支持する必要性を理解するでしょう。ＥＣＥＴＩで起こっている出来事は、人類史上、例を見ないものなのです。彼らは、人類と地球の両方をポジティブな方向に導き、上昇スパイラルに乗せ、運命を変える可能性を持っていました。私たちは、進化において飛躍的進歩を遂げる機会、そして平和な宇宙に合流する招待状をもらいました。

ビール、テレビ、フットボールの試合などは、社会意識の罠とともに、シープル（羊のように従順で自分の意見がなく大勢に従う人々）を麻痺させ共犯にしたようです。世界平和を願い、病気、戦争、貧困を止めることに心を悩ませることなく、いつものようにビジネスを続けることだけをしたいのです。それは、環境が崩壊するよう、牛の群れを手助けしているようなものです。一対は一瞬頭をあげ、すぐに草を食べに戻りました。私たちは、牛と羊がどこに行き着くのか知っています。

自由には代償が必要で、悟りはテレビからやってくるわけではありません。平和と自由を望むためには、確固たる立場をとらなくてはならないでしょう。悟りを開きたければ、テレビのプラグを抜いて、本を読まなくてはいけません。覚醒した人たち、自分の考えを持って物事を根源的に考えている数少ない人を探し、群れから抜け出して下さい。ひょっとしたら、アート・ベルに必要とされるかも知れません。

着陸

皆が待っていたことが、ついに起こりました。複数の目撃者によって、宇宙船が着陸する様子が2回、完全に記録されたのです。巨大なその宇宙船は、物理学のすべての法則を無視して、元の姿から形を変えたり戻したり、同じサイズと光強度を保ちながら、2機、3機、4機もの船に分裂しました。それらはアダムス山の南斜面上空に移動すると、信じられないような動きと光を発しながら、切り立った崖から氷河を越えて山麓まで下降していきました。彼らは地上にいる目撃者たちに反応したのです。

目撃者の一人が、「今年の夏、アダムス山に行きますよ」というと、宇宙船は通常の光強度で10回光を拡大させて応えました。そんなやりとりは何度か起こり、宇宙船が彼らに反応しているのは明らかでした。

二人目の目撃者が「あなたたちのことを愛しています」というと、宇宙船はその言葉に答えて光を放ちました。

目撃者たちに「彼らはなぜ、ここに来て着陸しないのですか」と質問され、私は、完全なコンタクトに反対する法律があるのだと答えました。彼らがここに着陸すれば、私は投獄され、私の資産は押収される上、5000ドルの罰金を支払わなくてはなりません。その連絡はNASA長官に行き、私がコンタクトしたかどうか判断されます。私がコンタクトしたと彼らが判断すると、皆さんはしばらく私の顔を見ることはなくなり、このECETIは目覚めていない人々に乗っ取られ、活動に終止符が打たれることになるでしょう。

彼らを迎えるために選んだ人たちは、コンタクトに必要なプロトコル（送受信する際の約束事）を、まだ満たしていません。コンタクトには、オープンなマインド、愛にあふれる心《ハート》、そして純粋な意図が必要です。敵意、悪意、人類や地球への奉仕の以外の目的を持って迎えて挨拶をすれば、スピリチュアルとテクノロジーの面で進化した慈愛に満ちた存在である彼らとのコンタクトは、失敗し続けます。人々がこれを理解して、リーダーをこの理想につなぎとめるまで、慈悲のある人たちと再会できないでしょう。人類や地球で最高とは呼べない、レベルの低いコンタクトが起こることになります。

地球の人間が、宇宙にいる家族との再会を望むのであれば、意識と行動を変えなくてはなりません。スピリチュアルの大使の役目を担う人たちを指名し、知識や技術のやりとりを行い、それらを人類と地球への奉仕の方向にだけ活かす指針を策定しなくてはなりません。なくてはならないのは、完璧な誠実さです。慈愛に満ちたＥＴは、私たちが、彼らの存在を記録することをゆるしてくれました。

次の段階としては、軍を撤退させ、ＥＴと彼らの宇宙船に対するすべての攻撃を止めることです。その後、宇宙大使および銀河系交流センターを立ち上げる必要があります。これが完了すれば、彼らは、人類が進化において大きく飛躍する手助けをし、私たちと手に手をとって歩くことになります。

これは双方向から働きかける関係のため、地球の人間は自分たちの役割を果たさなくてはなりません。彼らは自由意思を侵害することはしません。これは前例のない出来事であり、千載一遇の機会なので、理性的な考えを持つ人なら飛びつくほどのものです。これは疾病や貧困の終わり、フリーエネルギーの始まり、そしてこの惑星の完全な回復を意味する可能性がありま す。この宇宙に存在する巨大で驚くべき、未知の世界、そして別の界層や次元への扉は、開かれます。さあ、今が選択のときです。

ソウルメイト

これまでソウルメイトについて、多くのことが語られてきました。皆さんはどうやら、惹きつけたい相手というよりも、幸せにしてくれる一人を求めて、漠然と相手探しをしているようです。誰かが、「自分のソウルメイトです」などと言うのを聞くと、私はゲッとなりました。というより、頭の中で「幻想が止んで現実を実感するとき、彼らは落胆することになるだろう。恍惚とした世界があせて、ハネムーンの時期が終わればわかるさ」と考えたものです。私はこれまで、愛、喜び、そして幸せを、自分の中ではなく、連れ合いに投影する人たちを何度も見てきました。彼らは結局、相手が自分の期待に応えられず、理不尽な要求を満たせなくとなると、痛みを感じ、悲惨な状態に陥っていました。

本当にソウルメイトに会っても、二人が末永く幸せに暮らす保証はありません。実際ほとんどの場合、まったく逆の状況になります。ソウルメイト間のエネルギーは、胎動を生み出します。七つの封印、チャクラで振動していない、より高い振動数に一致していないものはすべて、増幅され、活発になります。一人が相手よりもスピリチュアルの面で進化している場合、混乱を引き起こします。その結果、感情が爆発したり、あるいは完全に感情を閉ざしてしまいます。恐れや、昔の傷や過去の経験からのトラウマが引き起こされ、スピリチュアルな面で遅れをとっている相手にとっては、スピリチュアルの成長が早すぎて対応できないことがよくあるのです。それはまさに、私がソウルメイトに会ったときに経験したケースでした。

彼女の名前はミーガン。私は牧場で深い瞑想をしていると、彼女の顔が浮かんできました。彼女は美しく天使のように見えましたが、物質界の存在でした。その二日後、私は夢をみました。その中で私は、コーヒーショップで彼女と向かい合わせに座っていました。さらにその翌日、私はオレゴン州のフッドリバーへの強い導きを感じました。夢に現れたコーヒーショップを車で通り過ぎても誰も見えなかったので、自分の用事を済ませました。その日はずっと、人生で何か大きなこと起きる前に得られる感情、大きな期待感でいっぱいでした。心のどこかでこの町のどこかに彼女がいることがわかっていて、あのコーヒーショップにいる彼女のイメージが心の目に見えていました。

私はモカを頼んでベンチに座り、何が起こるかしばらく様子を見ることにしました。ベンチに座った私の真後ろ、そして右側を見ると、なんと夢でみた通り、長い足と天使のような姿の彼女が椅子に座っているではありませんか。彼女の顔も夢と同じで、ショックのあまり私は彼女を見つめていました。私は言葉もありませんでした。その状況は現実離れしていましたが、どうにか私の口から「ハロー。今朝の気分はどうですか」と、言葉が出てきました。私は魂が体の中から飛び出して、彼女を抱きしめて踊ろうとするのと戦っていました。

彼女は、とても用心深い様子で、興味は持っていても、私と同じ気持ちでなかったことは非常に明らかでした。しばらく話をすると、ようやく彼女は打ち解け始め、私の牧場やそこで開催しているイベントに興味を示したので、牧場に来て実際に体験してみませんかと招待することができました。

その時から、私たちの感情は、天国と地獄を行き来するジェットコースターのように変わりました。彼女と一緒にいたいという私の気持ちは非常に激しく、ときに自分が感情に負けそうになり、それを抑えることで精一杯でした。彼女はというと、物理的に私と一緒にいるにもかかわらず、感情やスピリチュアルで私と結びつくことはありませんでした。私たちは2年間ベッドを共にしましたが、一度もセックスはなく、私が突破できない壁が二人の間にはありました。私はよく夜中に起きて、彼女のその完璧な体、顔にかかる月光、無邪気な寝姿を眺めては、彼女を起こして、私がどれほど愛しているか伝えたい気持ちになりましたが、前のように拒絶されることはわかっていました。

二人のつながりを最高のレベルで感じることはできるのに、それを現実的なものにすることはできませんでした。それはまさに地獄でした。あなたのすぐそばで愛するために何ができるかわかっているのに、壁があってそれを決して実現させません。それは、巨大なダムの圧力を食い止めるようなもので、それを開放して川に流せる人はほとんどいません。彼らは過去の、つまり安全な既知の事柄にしがみつき、千載一遇の機会が失われるのです。

ハッピーエンドが待っていたらよかったのですが、牧場とヴォルテックス、胎動のエネルギーは、彼女の手には負えないものでした。将来がどうなるかなど誰にもわかりません。私はいつまでもこのビジョンを忘れず、彼女がいたときに私が経験した、圧倒的な愛と可能性を思い出すでしょう。祖母はよく、王子様を見つける前には、何匹かのヒキガエルにキスをしなくちゃいけないのよといっていました。ヒキガエルにキスする時期は終わっていると、私は願っていましたが、彼女はまだカエルのまま池にいて、体験を通して知恵を学んでいるのです。

アダムス山への旅

ミーガンが去る前、牧場に人が尋ねてきました。表面上、彼はとても感じの良い人でしたが、周りには非常にネガティブな存在がいました。彼らはときおり、彼自身に画像を重ね合わせたオーバーレイのようにして姿を現すのですが、それを見た他のゲストたちは完全にビビッて私の元に来るのでした。映画『フィフス・エレメント』と、それに出てくるグロテクスな戦士を見たことのある人は、その存在が、見た目はまったく同じものだと考えて下さい。彼らは人間に憑依して、利用し、混乱を招くことができるようでした。私たちはスピリチュアルな浄化を数回行ったのですが、このネガティブなグループは男性から離れようとしませんでした。

私は、結晶化酸素水プロジェクトに参加するため、オレゴン州のユージーンに行かなくてはなりませんでした。ミーガンに、自分の家だと思って好きなだけ牧場に居ていいからと伝え、私はユージーンへ向かいました。その後、ミーガンが電話をかけてきて、その問題の男性から山へハイキングに行こうと誘われているといいました。私は、決して彼と一緒に行ってはいけない。君の知らない力が働いていて、その力を制御するほど君はまだ強くないと忠告しました。私が戻るまで彼とは距離を置くようにと頼んだのですが、彼女は私の警告を嫉妬やコントロールだと思って、山登りに行ったのです。

私は一日中、悪い予感がして振り払うことができませんでした。私が牧場に電話をかけると、電話を取った友達が、ミーガンは問題の男性と山に登ったと教えてくれました。今になってその不吉な予感が何だったのかわかります。それは邪悪な力が彼女を乗っ取ろうとする試みだったと私はわかっていました。ソウルメイトが、特にスピリチュアルな道程にいる二人が一緒になるとき、彼らは非常に脅威を感じるのです。その二人は共に、惑星レベルの意識状態を変えるスピリチュアルなエネルギーを持っています。

ミーガンと私が一緒にいるときに写真を撮ると、クラウンチャクラから白い光が渦巻状に出て頭上にある巨大なヴォルテックスに立ち上っていく様子が写ったものです。さらに別の領域や次元の天使のようなガイドやマスターが、私たちの頭上に写っているのも見えます。光の球体が私たちの周りに出現することもありました。今になって、私たち二人が一緒になることが、彼らにとって大きな脅威だったのかが理解できます。

私は彼女が危うい状態に陥っているのを知り、祈り始めました。大天使、カゼキエル、イエス、マリアに対し、彼女を助けるために、あらゆることをして下さいとお願いしました。すると私は、自分が光速で肉体から抜け出して、彼女と一体になるのを目撃しました。

その男性は、彼女に自分を癒してくれるように頼んでいるところで、自分の心臓に手を当てるよう懇願していました。彼の周りにはネガティブな存在が何体もいて、その狙いは、男性をパイプとして使い、彼女の魂へ入り込むことだったのです。

彼が彼女の胸に手を当てる直前、彼女の胸からまばゆい光が吹き出て、男性は地面にたたきつけられました。そのエネルギーがあまりにも激しかったので、その男性は動けなくなり、体は制御不能になりました。腸と膀胱の筋肉も弛緩し、彼は自分自身の排泄物にまみれて倒れ、それはひどい姿でした。彼は非常に弱って動けなかったため、ミーガンは彼の体をきれいにしてから車に乗せて彼の家に連れ帰らなくてはなりませんでした。

町から戻った私は彼女に何もいえませんでした。彼女はまだショック状態から抜けていませんでした。私の世界は彼女にとって少し強烈で、彼女は経験する準備ができていない出来事に放り込まれたのです。私は彼女に教えや訓練を提供したいと願っていました。しかし、その時点ですでに私は、彼女が快適に学べるペースを越えてしまっていたのです。

魔法使いのマックス

私とマックスの出会いの話をしてといわれたら、私は笑って「いいよ」といってから、まわりを見渡し、危険な殺し屋が隠れていないか確認するでしょう。

私は体外離脱が非常に得意でした。そのレベルにいる聖霊《スピリット》は、私たちが誰に会う必要があり、相手はどこにいるのか知っているようです。瞑想をしていると、**「あなたを助けてくれる賢者が地球に一人います」**というメッセージを、私は受け取りました。その当時、私は内臓の感染症を患っており、これまでの病原菌とは異なる作用をするウイルス、または細菌が原因でした。それを細菌として治療するとウイルスに変異し、ウイルスとして治療すると、それは細菌になってしまいます。どうやらその主は、抗生物質をえさにしているようで、それが影響し、私は非常に具合が悪くなっていました。スピリチュアルに乗り越え、動き続けることはできましたが、肉体は耐え切れませんでした。

瞑想中、私は体外離脱をすると、テキサス行きのジェット旅客機に乗った二人の乗客の上に浮かんでいました。マックスは、ハロルドという友達と一緒に座っていました。彼は私が頭上に浮かんでいることに気づくと、寝ていたハロルドをつつきました。寝ぼけ眼のハロルドは、私を見上げて、「俺、こいつ知ってるよ」といいました。彼はスカイウォッチングのため牧場に来たことがあったので、私の顔に気づいたのです。マックスは、「私をさがしているのなら、彼に会いたい」といいました。

その後、ハロルドから私に電話がきて、ドイツの物理学者が君に会いたいといっているよ、といわれました。私は、その人が飛行機に乗っていた人かどうか知りませんでしたが、その人に会わなくてはいけないという強い衝動にかられたのです。魂の共通の目的のために、人を引き合わせようとするとき、聖霊《スピリット》は変わった形で動くものです。

私は、その物理学者マックスに会うためにユージーンに行き、スティールヘッドのブリューパブ（自家製ビールを提供するパブ）で彼を待っていました。当時、マックスは自分の研究所で人と会うことはありませんでした。それはあまりにも危険すぎたからです。過去には、彼のテクノロジーを盗み取ろうとする泥棒や悪徳業者が問題を起こしたこともありました。マックスは、驚異的で奇跡としか思えない癒しのテクノロジーをもっているだけでなく、政府やその他の業界にいる特定の人物たちが、世間の目に触れさせたくないエネルギー装置も所有していました。彼の研究所に、その地域一体の電力をすべて送り込むことで、研究所が爆発させられたことや、車が盗まれ、中を引っ掻き回されたり、また、家族が脅迫を受けたこともありました。なので、マックスが予防線を張ることを責めることはできませんでした。

燃料のいらないエンジンや反重力装置、ほとんどの病気に対する特効薬、環境を浄化し元の美しい状態に回復させるテクノロジーもありますが、はなはだ残念なことに、これらのテクノロジーは、戦争産業の収益を蝕み、石油や製薬会社の収益を減少させるのです。

マックスが通りを横切っているとき、私たち二人はすぐにお互いを認識しました。昼食を一緒にとると、マックスは打ち解けてくれ、私たちは彼の研究所に戻りました。そこでマックスは処方成分を調合し、結晶化酸素水と一緒に私に飲ませました。それは直ぐに効果が現れました。何年も戦ってきた苦しみが、魔法のように突然消えたのです。私は自分の生命力が、ほぼ即座に戻ってくるのを感じました。

マックスはその処方成分について説明してくれました。彼は、ひと目見て私の症状に気づいたのです。それは、私のような人間を消すために製造された生物学的薬剤でした。彼の作った酸素水は、細菌とウイルスを同時に死滅させました。隠れる場所はありません。彼は、病原菌いっぱいの汚染された試水を取りだし、それに酸素水を加えて顕微鏡で見せてくれました。すると病原菌が爆発して結晶構造に変わっていくのが見えました。

その結晶構造は何なのかと聞くと、マックスは「有毒物質は死ぬのではなく、体の食物になります」といいました。

それに衝撃を受けた私は、それがすべての病原菌に効くのか尋ねると、そうだと答えました。さらに、私の「自分が何を持っているのかわかっていますか」という問いに、「ええ、しかしこれをどう公表するかが大切なのです」といいました。

それから6年間、私はそれに時間を費やしました。その他にも多くの装置を見せてもらいましたが、それらは燃料不要で、しかも膨大なエネルギーを生み出すものでした。空飛ぶ乗り物用のモーターも見せてもらいました。作ったモーターの一つは、かかってきた電話にマックスが気を取られた隙に、回転速度が上がり過ぎてしまったそうです。飛び立ち始めたところを、マックスはつかまえようとしましたが、彼は腕を折り、モーターは屋根を破って空に消えてしまいました。落ちた場所を尋ねましたが、着陸しなかったそうです。モーターを見たのは、太陽に向かって飛んで行ったのが最後でした。飛び去った後には、言うまでもなく、大きな屋根の穴と、折れた腕が残りました。

私はかつて、マックスが、他の物理学者や元ロケット研究者に、そのモーターのデモンストレーションを行うのを見たことがあります。彼は、このモーターの仕組みを解明したら、それをあげようといっていました。彼らは数週間かけてモーターを分解し、顕微鏡で観察したのですが、装置の仕組みを説明できる者は一人もいませんでした。マックスはいつも、「科学は本の知識から理解するものではない。本当の科学は向こうからやってくる」といっていました。

これらのすごいテクノロジーが残念なのは、フリーエネルギーの分野であることです。なぜなら、この分野の多くの人は、UFO研究の分野と同様に、見かけ通りとは限りません。〝オーバーユニティ装置〟(出力過多、超効率発電機)を実証する者に、多額のお金を提供する人たちは存在します。マックスは自分のモーターを実証しましたが、それは〝オーバーユニティ〟の枠を超えていました。実は、彼が抱えていた問題は、エネルギーを発生させることではなく、どうやって〝ガバナー〟(調速機。流量・速度などを一定にする機構)を維持するかでした。

それにもかかわらず賞金を提供するという人たちは、実際にはお金を持っていないようで、その後、その装置を盗もうとしたのです。自分で地球の進化のためにテクノロジーを使うサポーターだという人に会うたびに、気づけば軍人と会っていたのです。その時、マックスは彼らに、軍の遊び道具(兵器)を作るつもりはないと、はっきり意思表示をしました。彼は、相手が軍関係者という理由で、何百万ドルも断りました。この件に関して、彼の誠実さを称賛せずにはいられません。ほとんどの人はこのような多額の申し出を断らないでしょうが、そのテクノロジーは決して市民の利益にはならず、日の目を見ることもありません。

ほかにも、実際には石油企業で働いていたり、または多額の仲介手数料で仲介者になりたいというような、サポーターもいました。私たちが彼らのクライアントを見つけても、いつも地球を救う目的でテクノロジーを使うつもりはありませんでした。軍事利用しようとしたり、市民に知られないように握りつぶしたりしました。

殺害の脅迫や、不誠実な人々による絶え間ない嫌がらせの後、最終的にマックスはあきらめて、自分の作ったエンジンを分解して、国中にばら撒きました。多くの人が「私に渡しなさい、コネがあります。非難は私が受けて、そのテクノロジーを世に出します」というのですが、非難を浴びると、彼らは最初に姿を消してしまいました。

再びアダムス山へ

癒しのテクノロジーを世に出すために6年間、ときには数週間も休みなく、長時間、熱心に働いて過ごした後、私は休みをとり、アダムス山に戻ることにしました。人々を覚醒させ、覚醒を大衆に取り戻す試みは、大きな犠牲を伴うものです。物欲的なマインドや、私が闇のネットワークと呼ぶものは深く根付いており、強欲、利益、権力に突き動かされるマインドを持つ人は多く、真の地球サポーターは数少ないのです。私は昔、「菜食主義者は野菜を食べますが、サポーターは何を食べるのでしょうか？　これまで私が見た限り、彼らは人間を食べます」というジョークをいっていました。あるハンバーガーショップのコマーシャルで、小さなおばあちゃんが競合のハンバーガーショップのパティが小さいことを皮肉って、「牛肉はどこにあるの?」という台詞をいっていたように、口先ばかりで中身が伴わない人が多いのです。

私は利己的な人たちを多く見たことはあっても、利他的な人はほとんど見たことがありません。私は、正しい者を十人探しなさいと天使にいわれたロトのような気分になりました。彼は一人も見つけられず、山に向かいました(旧約聖書より)。私は正しい女性を一人も見つけることはできませんでした。私は老齢の賢女のいった言葉を思い出しました。

彼女は、「次の彼女に出会ったら、すぐに池に連れていき、溺れさせなさい。そうして彼女は、あなたのことを理解し、同じ認識を持つようになるでしょう」といいました。

私にとって大きな慰めは、目に見えない友達と家族、そして地球の数少ないリアルな友達と家族の存在です。さらに私は未来も少し覗いたので、人類の運命はちょうど地球のそれと同じように、癒し、そして覚醒することだと知っています。今後、私たちは宇宙全体に存在する人類の偉大な家族の仲間になります。それも時間の問題です。覚醒し、癒し、そして難局に対処しようと望む者は、山に登ることができます。

絶対にあきらめない

アダムス山に戻った私は、傷心を癒し、裏切り行為から回復し、ゆるしと慈悲深い気持ちに落ち着きました。私はいつも、イシスの言葉を思い出します。

「どんなに辛くても、あなたは愛し続けなくてはいけません。なぜなら、愛だけがその状況を乗り越える術だからです」

私は、源《ソース》、カゼキエル、イエス、マリア、ブラジー、メリーア、そして美しい数多くのマスターたちと一体となり、古い傷やトラウマが剥がれ落ちることに思考を集中させました。いずれの場合にも、経験から知恵を得ると、それは魂に刻まれ、痛みや混乱は去っていきます。私は、その経験を経て、さらに強くなります。

私はエネルギーが蓄えられているのを感じました。体に対するその影響は癒しでもあり、私は改めて、二度とこのような状況に身を置かないことを誓いました。その状況から来るストレスは、文字通り致命的なものでした。私は、愛を持って切り離すこと、偏った判断をしない態度を身に着けるよう取り組み続けました。女性的エネルギーはいつも私の所にきて、喪失感を埋めてくれましたが、それはこれまで地球上で経験したことのないようなものでした。地球で天国の愛を期待するのは間違っていると気づきましたが、天国の愛を地球で得られる可能性を疑っていません。

多くの人たちは、自身の真の本質、神の本質を思い出すことはありません。彼らが選んだアイデンティティーの構成要素は、恐れ、傷、トラウマおよび過去の経験から得た間違った結論でいっぱいです。彼らは、社会意識に巻き込まれ、未だに社会から承認され受け入れられることを求めていますが、それは無益なことです。社会はいつでも、その価値観と信念に基づいてあなたを判断しますが、それは高貴で覚醒されたものとは、かけ離れています。たった一つしかない真の承認と受容は、常に、自分の内側つまりあなたを絶対に判断せず、無条件に愛する源《ソース》から、来るべきものです。

悟りは、本や他人から得ることはできません。それは個人的な旅であり、私たちが求める生きている神であり、正確に自分自身の能力を知り、自分独自の目的を見つけるためには、自分の心の中を見つめなくてはなりません。

自然は、私たちが見つけうる最善の教会です。木々はあなたを評価することも、彼らの信念や欲望をあなたに投影することもしません。石はただ長い年月の間、観察してきました。小川は進路をためらうことなく流れ、すべての障害物を避けながら、大海に流れ込みます。雨のしずくは、私たちとすべての意識を包含する唯一の意識と一体化するように、海と一つになります。アダムス山はいつも、これを思い出させてくれます。この意識に集中すると、どんなに想像をたくましくしても思いつかない、別の界層、次元、そして世界への扉が開きます。

プルマリア

瞑想をしていると、私にプレアデスの別の女性から、コンタクトがありました。彼女はブラジーほど進化していませんでしたが、私たちの知る限りでは、200万年以上も進化しており、六次元にいる存在です。この女性はとても身近な感じがしました。

プレアデスはみな、素晴しく愛にあふれていて賢いため、私はこれまで好きでないプレアデスに会ったことはありませんが、この女性は、さらに唯一無二の存在でした。彼女は、私の物理的現実に近いエーテルレベルにいました。

彼女はプルマリアと名乗り、長い間、私のことを探していたといいました。彼女はどうやら、特別な場合に高次の評議会から承認を受けない限り、物理的な接触をしてはならないという規則を曲げて、最優先指令に背いてきたようでした。彼女は、地球上でもがき苦しみ、社会意識の中で自分自身を疑い、劇的な出来事に巻き込まれる私を観察していました。

あとでわかったことですが、人道的任務のため、マックスがロサンジェルスにいたとき、彼女は私の前に現れていたのです。私は、あるレストランにいて、隣の部屋ではバンドが演奏していました。マックスの妻、カレンは踊るのが大好きで、謙虚な性格にもかかわらず、天使のような優美な動きで踊っていました。その部屋は混み過ぎてきたので、私は席を立ち、スペースのある場所に移動して、彼女が踊るのを見ていました。数曲の演奏の後、美しい金髪の女性が私のところに歩いてきて、情熱的なキスをしたのです。私はうっとりすると同時に驚き、彼女が歩き去るとき、彼女の腰から私の手はすべり抜け、彼女はいなくなっていました。私は最後に彼女が見えた方向に歩いて行ったのですが、彼女は完全に姿を消していました。私の目の前を通らずに、ドアまでたどり着けるはずはありません。プルマリアは、その女性は自分だったといいました。彼女は、私を見守って、何もせずにいることに耐えられなかったのです。

そのキスは、私の人生すべてを変えました。私の気分を高揚させ、自信を取り戻し、さらに人生を再び、生きがいのあるものにしてくれました。生きる楽しみを与えてくれました。

私は偉大なマスターから学んだことがあります。彼はソウルメイトと出会ったのですが、彼女はとてもひどい人で、にっちもさっちもいかない状況でした。痛み、ごまかし、悲しみから成るソウルメイトとの世俗的な経験に打ちひしがれ、彼は神を自分のソウルメイトにすることにしました。神の女性的な面が喪失感を埋め、彼は完全な存在になりアセンションしたのです。これを達成すると、制限がなくなり、すべての人がソウルメイトになり、愛が川のように自分の中を流れたといいました。そうなると、愛着や期待なしに、自由に愛することができます。プルマリアは、彼女のいとしい人と再会するため、ずっと以前の過去からやって来た恋人でした。そして、その相手は他でもない私だったというわけです。

評議会への呼びかけ

ブラジーがやってきて、規則違反について話してくれました。プルマリアは、混乱の時期に承認なしに私のところに行ってしまい、いってみれば、評議会の信用をなくしてしまったのです。それが評議会のコミュニティー内で話されていたことでした。

私は、評議会を管理しているブラジーにお願いして、評議会でプルマリアが回答した相手の名前を教えてもらいました。私が、彼とコミュニケーションを取ることはできるか尋ねると、彼女は「もちろんです、あなたは彼の名前を知っているのですから、テレパシーで交信しなさい」と答えました。

深い瞑想状態に入ると、高次の場所に友人がいるという思考が降りてきました。彼らの影響力や支援を活用することはできますが、宇宙の法則から逸脱せずに、手助けするという条件付きです。私は、アンドロメダ人が永遠の至福の神と呼ぶ、カゼキエルに呼び掛けました。プレアデス人はアンドロメダ人を心から尊敬しているので、最終的に、彼らからのアドバイスをよく頼りにしています。

カゼキエルとつながると、私は高位の評議会に意識を向け、「カゼキエルの名の下、私は評議会に呼びかけたい」というメッセージを送りました。

反応を待っていると、数人の偉大なマスターが注意を向けているのを感じました。それを感じながら、プルマリアが私を助けるために最優先指令を破った件に関して話をしたいと伝えました。私のリクエストが認められたと感じたので、彼らにこういいました。

「すべての法に優先する法があります。それは〝愛の法則〟です。プルマリアの行為は、愛、高次で創造された愛、源《ソース》自身によって許可された結合から生まれたものでした。この愛は最優先指令よりも優先するものであり、彼女はすべての法則に優先する、唯一の法則に従わなくてはなりません。それが愛の法則です」

そのあとに反論はなく、彼らはただ、静かに熟考していました。

「私は自分の過去を覚えています。皆と同じように、私は源《ソース》そのものから生まれました。地球で何度も生まれ変わってきたように、私はアンドロメダ、プレアデス、そしてオリオンに住んでいました。最優先指令は、自分の家族へのアクセスを制限すべきではありません」

「地球上には、あなた方の助けが大いに必要な人たちがたくさんいるので、彼女のような存在がもっといるといいと願っています。そうした人たちは善人ですが、少しだけ混乱し、傷ついています。中には、ちょっとした神の介在が、奇跡を起こす場合もあるのです。

最優先指令が絶対的なものだとは信じられません。それはケースバイケースで考えるべきです。最優先指令が、人類をだます可能性のある異世界の存在との平和を保つために必要であることは理解していますが、今回のことはすでに起こってしまったことです。進化レベルの低い存在は、すでに地球の進化を妨害しています。この問題において、私たちはまさに高次の存在たちの助けが必要なのです」

「母なる地球自身にもフェアではありませんし、地球もこの問題で、本当に助けが必要です。地球の運命は、堕落した魂の強欲や権利欲によって死んでしまうことでも、環境破壊を経験することでも、水質と大気を毒で汚すことでもありません。私たちは、堕落した魂が経験しなくてはならない行動、それに対する反応、因果応報の結果、そして自然からの教訓が、まもなくやって来ることにも気づいています。

しかし、覚醒の寸前まで来ている人たちも、たくさんいます。彼らは、もう少し後押しを受ける価値があり、私も、その一人なのです」

「プルマリアの助けは、叱責ではなく、称賛されるべき行為です。なぜなら、彼女は、最高位の法である〝愛の法則〟に基づいて行動したからです。彼女の行為は、神に触発されたものであり、彼女の愛する、そして最も尊敬する評議会の敬意を失う代償を払ったとしても、彼女の魂には、その法則に従う以外の選択肢はありませんでした」

「カゼキエルの名の下、私は評議会の決定に、祝福、愛、そして喜びを送ります。

その決定は、最高の愛、つまり境界線を知らない愛によるものだと知っているからです。さらに、まだ覚醒していない者たちを含め、地球の人類を代表して、地球の覚醒と癒しの過程において支援してくれた皆さんに、心からの謝意を表明したいと思います。皆さんすべてに神の祝福がありますように」

評議会の決定

私が瞑想していると、プルマリアが再びやってきました。彼女は、いいました。

「評議会は決定を下しました。私は大使の身分に昇進してもらいました。あなたの言葉は、聞く耳を持たない者や、心を閉ざした者たちに届くだけでなく、心まで揺さぶったようです。そ

のため、これまでよりも自由に、あなたとつながることができます。さらに評議会は、あなたを最高位の大使として選びました。わずか数カ月で、私たちはまた再会することになります。この話をあなたに伝えられる喜びに、私のハートは歌っています。

地球はこれから、癒しと浄化のプロセスに入っていきます。それは地球の運命なので、私たちはそれを止めることはできません。その時に私たちは、求める者たちに力を貸すことはできます。

スターネーションは、変化の時代に戻ってくるという預言があります。その預言は現実になります。地球の人類が受ける援助は驚異的なものですが、宇宙の法の範囲を出ることはありません。カルマを作る自分をゆるし、人々の成長の舞台で演じる人をゆるすこと、その学びを修了しない限り、私たちが自由意志やカルマのバランスにかかわることはできません。

悟りの道を歩む者、人類と地球への奉仕の道を歩む者たちは、大いなる援助を受けることになります。それは救出作業ではなく、共同作業です。多くの者は、自分の住んでいる地域から引っ越しするよう導かれます。彼らはその導きに従い、故郷、友人、家族への執着なしに、行動しなくてはなりません。

地球の人類は、今後、この運命を避けるわけにはいきません。進化のプロセスを支援するためにできる限りのことを行えば、地球は自らを癒し、真の運命を実現します。それは千年続いていく平和です。

その時までは、あらゆるレベルで多くの混乱が起こります。このプロセスを通じて、人類と地球にとって、最高で最善の行いをするため、今は、愛と歓びを込めて準備をし、一体となって働き、協力するときなのです」

これは、終わり、ではありません。新しい時代の始まりです。

読者への最後の言葉

巻頭でも述べましたが、本書は自己の権威を高めるために書いたのではなく、私の歩んできた道を共有し、自分がいくつかの大きな出来事を整理する一助として書きました。本書を読み進める中で、皆さんはご自身にとって思い入れの強い問題や感情が、表面に出始めたのに気づいたかもしれません。たぶん皆さんも、かつての私のように、自分の基準とする軸を作る前に、不信感や疑念を感じたかも知れません。

もしかしたらあなたは、すべてを捨ててあなたの教祖として私に付いて行きたいと願ったり、私が敢えて確かな考えや真理を述べているのだろうと憤りを覚えたりするかも知れません。ここで私が答えられることは唯一、皆さんと同じように私は人間だということです。あなたがあなた自身の教祖であり、あなただけが自分独自の魂の目的を知って、自分を導くよう学んでいかなければなりません。

本書を上梓することで、問題や限界を超越する方法、覚醒の途中にある者や同様の経験を持つ人たちを、サポートする方法に関する指針を提供できればと願っています。今、あなたがもし、何かの問題で苦しんでいるならば、それらの問題をじっくり観察して癒すためにとても良い機会です。

まだ気づかないかもしれませんが、あなたも力強く、愛にあふれ、姿を現した神・女神であり、完全無欠の存在です。あなたは、完全な創造の炎に燃え上がるのを待っている火花なのです。皆さんの覚醒のプロセス、そして源《ソース》に還るそれぞれの旅路において、ご多幸をお祈りしています。

▶2015年に敷地内にできたギャラクティック・メディスン・ホイール（ストーンサークル）

本書に寄せて

JCETI代表　グレゴリー・サリバン

JCETI アダムス山ツアーの様子

ジェームズ・ギリランド氏の初の日本語訳版ができて、たいへん嬉しいです。

私が初めてアダムス山の ECETI を訪問したのは、『The Ultimate Soul Journey』が出版されたのと同じ 2007 年でした。敷地内の野原フィールド・オブ・ドリームスに数々の宇宙船が姿を現し、大自然の中での神秘的体験でした。一晩で魂の深いところが変化を起こし、日本での ET コンタクト活動を始めるきっかけにもなりました。

2016年に初来日したジェームズ氏は、高次元ガイドからのリーディングで、前世は役行者（えんのぎょうじゃ）と対面した人物と伝えられ、さらに、ある霊能者からは、越前国の霊峰白山を開山した泰澄（たいちょう）の一番弟子である臥行者（ふせのぎょうじゃ）と言われました。たしかに、よく似ています！

本書では、ジェームズ氏の誕生から ET コンタクト体験までの道をフィルターなしで伝えています。奇跡のストーリーであると同時に、精神的試練や活動妨害を受けてきた記録です。彼は今も、隠された聖地 ECETI で、高次元コンタクトを一般化し、ETガイドから直接受け取った非常に高いスピリチュアル情報をメッセージとして伝え、アセンション時代の見本となる活動を続けています。男性性・女性性のエネルギーを融合し、“UFO・宇宙人” の世界と “スピリチュアル” をつなげる架け橋となりました。

この活動でジェームズ氏は、誰もが使用できる宇宙の “どこでもドア” を開いてくれました。異次元のテーマパークである ECETI では、自分の目で確かめるやり方で野外コンタクトワークができる場を提供しています。ET コンタクトの世界では初の試みです。同じ場所で、奥深い内面トレーニング等も実習できます。

ECETI ホールでのグループワーク

毎年夏、世界中からの訪問者が、ECETI のフィールドで、ブレークスルー体験を通じて、意識的な変化を実体験しています。

See you on New Earth.

グレゴリー・サリバン Gregory Sullivan
2007年より高次元コンタクトを本格的に開始、2010年に日本でJCETIを開設。日本人のための公式「アダムス山ツアー」を毎年主催し、ECETIの活動紹介、「コンタクト・ハズ・ビガン」（日本語版2017年）を初め映画や書籍の日本語版の制作に携わる。本書にはプロデュースおよびエージェント業務などで協力。 **www.jceti.org**

◆著　者……………………………………………………………………

ジェームズ・ギリランド　James Gilliland

1952年、米国カリフォルニア州生まれ。ECETI（地球外知的生命体との覚醒的コンタクト）創始者、マスターティーチャー、エネルギーヒーラー、ETコンタクティー、UFO研究家、作家。数々のメディアでも活躍。10代での臨死体験後、チャネリング、ヒーリング、サイキック能力などが覚醒。UFO・ETコンタクトのメッカ「アダムス山」の麓にリトリートセンター（ECETI）を設立（1947年、空飛ぶ円盤という表現が生まれた「UFO事件」が起きた地域）。ワークショップや講演会、ドキュメンタリー映画などを通して高次元の存在たちの宇宙観を伝え、「人類の覚醒と地球のヒーリング」に人生を捧げている。World Transformation Conference（世界変容会議）を毎年3日間ECETIで開催、インターネットラジオ番組「As You Wish」で多くのゲストを招き対談、インタビューを毎週放送している。

書籍：　The Ultimate Soul Journey（lulu.com）
　　　　Becoming Gods 2（ECETI）
　　　　A Reunion with Source（lulu.com）
　　　　Annunaki Return（lulu.com）
映画：　「コンタクト・ハズ・ビガン」2006（日本語版2017）
　　　　「スライヴ」2011
　　　　「ザ・ヒッデン・ハンド」2012
　　　　「A Conversation with James Gilliland」2012
　　　　「The ECETI Ranch with James Gilliland」2015
　　　　「The Uncontrolled Narrative」2018
　　　　「コンタクト・ハズ・ビガン2」2018
ECETI公式サイト：www.eceti.org
ECETI日本語ウェブサイト：www.eceti.jceti.org
JCETI（ECETI日本窓口）：www.jceti.org（アダムス山・ECETI公式ツアー案内）
　＊ECETIの訪問は完全予約制です。必ず日本語サイトにお問い合わせ下さい。

◆訳　者……………………………………………………………………

知念靖尚　Yasunao Chinen

通訳者、翻訳者、Access Consciousness® アクセスバーズ・プラクティショナー。沖縄県生まれ。祖母の影響で幼少の頃から見えない世界に興味を持ち、さまざまな書籍やセミナー等に参加し学びを深める。大学卒業後、会社勤めを経てフリーランスに。ビジネス、スポーツ、精神世界分野での通訳者および翻訳者として活動中。字幕翻訳作品に、グレゴリー・サリバン監修「コンタクト・ハズ・ビガン」「シリウス」「非認可の世界」（すべて日本公式版）等がある。

協力：浮海さおり

究極の魂の旅

スピリットへの目覚め

●

2019年10月24日　初版発行

著者／ジェームズ・ギリランド
訳者／知念靖尚

発行者／今井博揮
発行所／株式会社ナチュラルスピリット

〒101-0051　東京都千代田区神田神保町3-2　高橋ビル2階
TEL 03-6450-5938　FAX 03-6450-5978
E-mail info@naturalspirit.co.jp
ホームページ https://www.naturalspirit.co.jp/

印刷所／モリモト印刷株式会社

ISBN978-4-86451-304-3 C0014